NOTICE HISTORIQUE

SUR BRIIS

PAR

M. COMBAZ

Membre du Comité des Antiquités et Arts
de Seine-et-Oise

TOURS

IMPRIMERIE DESLIS FRÈRES

6, RUE GAMBETTA, 6

1897

NOTICE HISTORIQUE SUR BRIIS

Vue de la tour d'Anne de Boylen en 1820.

NOTICE HISTORIQUE

SUR BRIIS

PAR

M. COMBAZ

Membre du Comité des Antiquités et Arts
de Seine-et-Oise

TOURS

IMPRIMERIE DESLIS FRÈRES

6, RUE GAMBETTA, 6

—

1897

NOTICE HISTORIQUE SUR BRIIS [1]

PREMIÈRE PARTIE

VILLAGE ET CHATEAU

En venant de Paris par l'ancienne route de Chartres et après avoir monté la côte de Gometz-le-Châtel où l'on voit encore quelques restes du château fort dont Hugues-de-Crécy, fils de Guy-le-Rouge, comte de Rochefort était seigneur au commencement du XIIe siècle et qui fut assiégé par Louis VI dit le Gros, l'on arrive à Gometz-la-Ville qui fut à la même époque ville fortifiée ; puis, si l'on prend à gauche un chemin qui sillonne la plaine, on gagne en peu de temps la crête d'une colline, d'où la vue s'étend sur une immense et fertile vallée. Presque au pied de cette colline, sur une petite éminence, s'élève le village de Briis au milieu duquel se dresse une haute tour carrée ou donjon, dernier vestige du château féodal qui y existait et dont les seigneurs étaient autrefois de puissants barons que Louis-le-Gros qui, le premier, porta atteinte à leurs privilèges, eut souvent à redouter.

---

[1] Il a été écrit sur Briis par : l'abbé Lebœuf, diocèse de Paris ; M. Robert-Dumesnil, Notice sur Briis ; par M. Fourdrignier, *Bulletin des Antiquités de Seine-et-Oise* (Monnaies). Il existe aux Archives de Versailles un beau plan de Briis, dit plan de l'Intendance de 1785 (F. L.).

L'un des premiers seigneurs de Briis fut le chevalier Jean de Bries, qui vivait sous le règne de Philippe-Auguste (1179 à 1223) et relevait de la châtellenie de Montlhéry, et c'est vraisemblablement vers cette époque que fut construit le château de Briis, ainsi que semble l'attester, d'ailleurs, le donjon qui, par sa forme carrée, se rattache à la période où furent édifiés les premiers châteaux féodaux, c'est-à-dire du ixe au xie siècle. A partir de ce dernier siècle, les tours rondes commencèrent à remplacer les donjons carrés, et la construction des forteresses s'améliora sensiblement.

Ce donjon avait un rez-de-chaussée élevé de quelques marches et quatre étages; il était flanqué d'une tourelle où existait un escalier donnant accès à chaque étage et se terminait à sa partie supérieure par une plate-forme crénelée et quatre échauguettes ou petites tourelles d'angles en encorbellement également crénelées; sortes de guérites destinées à recevoir des sentinelles. Les murs ont 3 mètres d'épaisseur dans les fondations. Au rez-de-chaussée était la salle d'audience où le seigneur recevait ses vassaux; un souterrain, en partie comblé par des éboulements, y existait et avait une issue dans la campagne pour permettre aux habitants du château et à la garnison de sortir en cas de siège ou pour attaquer à l'improviste les assiégeants.

En 1772, le château, qui tombait en ruines, fut démoli par le comte de Montrevault qui possédait alors la terre de Briis et qui ne conserva que le donjon et quelques parties des communs, entre autres les cuisines et le colombier qui, depuis, furent transformés en habitations, et deux tours rondes dans l'une desquelles on voyait, peint sur la muraille, un bénitier et au dessous une croix traversée d'un poignard; ces emblèmes semblaient indiquer que c'était en ce lieu que le seigneur haut justicier, ayant droit de glaive, rendait la justice et prononçait ses arrêts. Cette tour fut démolie en 1836; la seconde, plus petite, fut conservée jusqu'en 1885, époque à laquelle le donjon ayant été restauré, devint une

habitation de plaisance. Ce château, véritable forteresse,
était entouré de hautes murailles flanquées de tourelles avec
des « Foussez à eau » de 52 toises de long sur 4 de large,
garnis de ponts-levis.

Indépendamment de l'intérêt qu'offre, au point de vue
archéologique, le donjon de Briis, un fait important qui s'y
rattache le rend digne d'être classé parmi les monuments
historiques. Vers 1506, Thomas Boulen ou Boleyn, alors
ambassadeur d'Angleterre en France et parent de Philippe
Dumoulin, seigneur de Briis, lui confia sa fille, Anne de
Boleyn, âgée de six ans, jusqu'à ce qu'elle eut atteint l'âge
d'être présentée à la cour ; ensuite, elle retourna en Angleterre et devint fille d'honneur de Marie d'Angleterre, sœur
de Henri VIII, qu'elle accompagna en France quand cette
princesse vint épouser Louis XII en 1514 ; elle s'attacha alors
à Claude de France, fille de Louis XII, femme de François Ier ; puis, elle retourna de nouveau en Angleterre, où
elle épousa Henri VIII qui, bientôt, la répudia sous prétexte
d'infidélité et la fit décapiter le 19 mai 1536. Ainsi, c'est
dans le château de Briis que celle qui fut l'infortunée femme
du cruel Henri VIII et la mère de la célèbre reine Élisabeth,
passa sa première jeunesse.

Le village de Briis, comme on le voit encore du côté nord,
était fermé de murs et avait quatre portes : deux au nord,
une au sud et une à l'ouest ; ces portes étaient défendues par
des tours dont deux existaient encore en 1821, une à la porte
de Paris, l'autre à la porte de Chartres ; elles furent démo-
lies vers cette époque pour faire place à des constructions
nouvelles. Les murs d'enceinte étaient en outre flanqués de
distance en distance de petites tourelles dont trois sont
encore visibles au nord, mais elles sont tronquées et appro-
priées à divers usages domestiques par leurs propriétaires.
De ce côté, on voit également dans le mur des pierres dé
grès au centre desquelles sont des trous ronds qui, en temps
de guerre, servaient sans doute à passer le fût d'une arba-

lète ou le canon d'une arquebuse, pour la défense de la place.

Il n'est pas mention que Briis ait jamais porté le nom de ville et son importance ne s'est pas beaucoup accrue depuis des siècles car, à part quelques habitations construites au sud en bordure de la grande route, au-delà de l'endroit appelé la porte de Paris, et plusieurs maisons bourgeoises à l'ouest, il est en grande partie renfermé dans ses anciens murs.

Les dénominations des places et carrefours sont restées : on dit encore la place du Pilori, où les sentences du seigneur recevaient leur exécution; la place du Pontis, qui tient son nom de l'une des deux portes situées au nord dans laquelle s'ouvrait un « Pontis », vieux mot qui signifie : petite porte dans une grande, à l'usage des piétons; le carrefour Sainte-Croix, où existait un couvent de moines et une église qui en dépendait, dédiée à la sainte Croix; le carrefour Saint-Denis, au haut de la rue de ce nom, et le carrefour Bourbon dont l'origine du nom est inconnue.

A l'époque de la première Révolution, quelques-unes de ces dénominations furent changées; la place du Pilori s'appela *place de la Liberté;* le carrefour Saint-Denis, *carrefour de l'Égalité;* le carrefour Bourbon, *carrefour de la Fraternité* et des arbres de liberté y furent plantés.

Lors des guerres entre les ducs de Bourgogne et d'Orléans au xve siècle, sous Charles VII et Louis XI, les Bourguignons firent de grands efforts pour s'emparer du château de Briis et livrèrent plusieurs assauts infructueux. Alors, ils attaquèrent le château du Coudray, situé à une demi-lieue de là, s'en emparèrent et le détruisirent entièrement. C'était une forteresse flanquée de quatre tours et entourée de fossés dont on voit encore quelques vestiges.

En 1337, la terre de Briis appartenait à dame Jacqueline de Trie, elle la donna, en 1371, à Philippe de Trie, son neveu, chef de sa maison. Ce dernier la vendit, en 1376, au chevalier Jacques de Montmaur, chambellan du roi Charles V, gouverneur du Dauphiné et du Viennois, et à Morlet de Montmaur, son frère, aussi chambellan du roi et seigneur de Gometz.

Le 19 août 1395, il s'est fait un accord entre les frères de Montmaur, qui possédaient en commun le comté de Limours et les terres de Trappes, Gometz, la Grange-Saint-Clair, Servolle, Briis, etc., par lequel ils ont partagé leurs biens entre leurs enfants en s'en réservant la jouissance. Les enfants de Jacques de Montmaur eurent le château et la terre de Briis, les fiefs de Bligny, Launay, Vaugrigneuse, le Coudray, etc.

Le 23 février 1411, le prévôt de Paris fit saisir la terre de Briis sur Jean de Maintenon, accusé de révolte, parce qu'il suivait le parti de Charles d'Orléans et de ses frères, mais il fut réintégré dans ses droits, le 1er janvier de l'année suivante.

Le 16 août 1436, Jacques de Montmaur chargea, par un pouvoir spécial, Emery de Lamare de prendre possession de la seigneurie de Briis, d'y mettre des officiers de justice et capitaines à gages et d'appréhender les droits et émoluments appartenant à ladite terre. En septembre 1438, il donna le titre de capitaine-châtelain à Pierre Allaire, son cousin.

En 1439, le chevalier Jean Dumoulin, fils de Denis Dumoulin, avait la nue propriété de la terre de Briis ; à la mort de sa femme, il entra dans les Ordres, devint patriarche d'Antioche, puis évêque de Paris. Denis Dumoulin, archevêque de Toulouse, et Pierre Dumoulin, ses deux oncles, en avaient l'usufruit. Ces derniers, par procuration du 10 novembre 1439, donnèrent pouvoir à Jean Allaire et André Fumet de garder en leurs noms la seigneurie de Briis et lieux circonvoisins, et, le 17 mai 1443, Denis Dumoulin donna seul la commission de capitaine et gouverneur à Pierre Allaire, écuyer.

Par un acte du 9 juillet 1448, l'écuyer Pierre Allaire promit de garder le château et la forteresse de Briis pour Denis et Jean Dumoulin, ce dernier, neveu de Denis et échanson du roi Charles VII, moyennant 100 livres tournois de gages par année.

Enfin, le 15 avril 1454, la seigneurie de Briis passa à Jacques Dumoulin, et celle de Vaugrigneuse à Antoine Dumoulin.

Le seigneur de Briis exerçait la haute justice sur les terres de Briis, Bligny, Forges et dépendances et faisait faire le cri « accoustumé » à l'issue de la fête de Forges par ses officiers, et les valets des seigneurs de Forges étaient obligés de demander à celui de Briis la permission de faire la fête à la Notre-Dame d'août.

Le 11 mai 1478, sur le rapport de Jean Dumoulin, le roi Louis XI ordonna au prévôt de Montlhéry de s'informer si ce seigneur avait le droit de haute, moyenne et basse justice, et la prérogative des fourches patibulaires, avec les échelles convenables. L'enquête fut favorable à Denis Dumoulin. Il y avait alors des empêchements à l'exercice des droits de justice de la part du seigneur de Forges et Ardillières, pour lesquels les parties furent renvoyées devant les gens de la chambre du trésor royal.

En 1534, Guillaume Dumoulin déclara au roi, par acte, qu'il était propriétaire de la terre de Briis du chef de Philippe Dumoulin, son père, qu'à l'arrière-ban, il avait fourni un cavalier armé à la légère et que lorsque le ban avait été convoqué, il avait donné deux arquebusiers.

Le 2 mai 1538, le bourg de Briis fut mis en grand émoi par une exécution capitale ; le pilori fut dressé sur la place de ce nom et une femme nommée Aloïs Legounst, convaincue d'avoir mis le feu à la bergerie de Briis « par haine et vengeance », y fut d'abord exposée, puis ensuite étranglée et brûlée le même jour.

Par sentence du 18 janvier 1542, le nommé Besnard de Bligny a été exécuté figurativement sur la place du Pilori,

Vue de la tour d'Anne de Boleyn après 1885.

et le 20 mai 1552, deux particuliers ayant été condamnés à mort par arrêt des officiers de justice de Briis, ils firent appel au seigneur qui leur fit grâce de la vie, mais ordonna qu'ils soient fustigés pendant trois jours dans les places et carrefours de Briis, Arpajon et Montlhéry.

La police et la justice étaient administrées sévèrement à Briis et ceux des habitants dont la conduite paraissait suspecte au seigneur, étaient contraints d'en sortir pour la sûreté de la place.

A cette époque, la terre de Briis était d'un revenu annuel de six à sept cents livres tournois. Le seigneur avait le droit de grosses dîmes, de prendre tous les fruits croissants dans les allées d'arbres fruitiers bordant les chemins, le droit de forage et de perçage de vin sur tous ceux qui en vendaient, lesquels étaient obligés de demander permission avant de percer un tonneau au-dessous de la barre, à peine de 60 sous d'amende. Il était dû quatre pintes par poinçon de vin audit seigneur, plus, le droit de roulage qui était de deux deniers parisis par charrette sortant de la terre de Briis et il était perçu également un droit de navigation sur la rivière, bien qu'elle ne fût pas navigable.

En 1560, le lieu appelé encore aujourd'hui *La Fontaine-de-Ville*, où il existe une fontaine ainsi nommée, était un fief tenu par Vadureau. Ce fief qui se composait d'une habitation, d'une ferme et ses dépendances, prit à cette époque le nom du tenancier Vadureau dont on a fait depuis, par corruption, Verdureau ». Près de la ferme se trouve une autre fontaine dite *Fontaine-de-Verdureau*, laquelle est renommée pour la bonté de son eau ; on donne pour certain que Marie Leczinska, femme de Louis XV, en faisait usage, sur le conseil de son médecin.

Par acte daté du 6 juin 1572, passé par devant Thireuil et Roger, notaires à Paris, Anne Dumoulin, femme de Jacques de Cocherel, et sa sœur, Louise Dumoulin, se partagèrent la terre de Briis.

Par ordonnance du roi Henri III, du mois de mars 1575, il a été établi à Briis deux foires par année, les 22 mai et 9 octobre, et un marché ordinaire qui tenait le mercredi de chaque semaine, mais, les événements de la Ligue dont Briis eut particulièrement à souffrir par suite des divisions religieuses qui y régnèrent à cette époque en empêchèrent la continuation. Plusieurs tentatives furent faites pour rétablir le marché, mais elles restèrent vaines à cause de la proximité de ceux de Limours, Arpajon, Dourdan et Montlhéry. La fête patronale d'octobre et celle de mai, dont les dates se rapportent à celles des foires indiquées plus haut, ont seules été conservées.

Vers la fin du xvie siècle, Nicolas de Lyons, écuyer du roi, était seigneur de Briis, et au commencement du xviie, Amos du Tixier, seigneur de Maisons, gentilhomme de la chambre de Henri IV lui succéda ; il était calvaniste et allait souvent au prêche de Charenton. Par son influence, sans doute, une partie de la population se convertit au calvinisme et l'église catholique devint temple protestant. Les catholiques prirent alors possession de l'église Sainte-Croix, mais la fille d'Amos du Tixier, femme de Michel Ferrand de Beaufort, seigneur de Janvry, qui était catholique et très pieuse, réussit à convertir son père, pendant la maladie dont il mourut en 1616.

Le 16 mai 1616, la terre de Briis passa à Christophe-Suzanne de Cardaillac, baron de Montbrun, puis, à Antoine de Cugnac qui en était seigneur en 1640 ; elle fut possédée ensuite par Marie-Anne de Cugnac qui fit rétablir le marché et les deux foires, en 1641.

Il existait, près de l'église, une maison de plaisance appelée « le pavillon » que l'on croit avoir été une dépendance de l'ancien château de Briis. Ce pavillon fut restauré en 1667. A cette époque, il était la propriété de Charles de Moncy, conseiller du roi et avocat au Parlement et devint ensuite celle de M. Normand, également conseiller du roi et avocat au Parlement. Le parc ou bosquet qui existe encore a été, dit-on, dessiné par le célèbre dessinateur de jardins, Lenôtre, ami de M. Normant.

Léon de Balzac, marquis d'Entragues, seigneur de Marcoussis, possédait, en 1670, des terres à Briis. Alors, le baillage et la châtellenie de Briis appartenaient à dame Anne-Suzanne de Cardaillac, veuve de Henri de Mainville qui possédait le château et maison seigneuriale, le droit de justice et la moitié du domaine de Briis, consistant en maisons, les fermes d'Invilliers, Courson-Launay, Verdureau, Chantecoq, les moulins du Serpy, de Beschereau et un moulin à vent. François de Cugnac, marquis de Dampierre, et Anne de Cugnac avaient un quart indivis dans ladite terre, le dernier quart appartenait à Jean-Louis de Béon de Luxembourg, marquis de Béon.

En 1671, Guillaume de Lamoignon, marquis de Baville, premier président au Parlement, acheta la seigneurie de Briis des marquis de Béon et de Dampierre, et de Mme de Mainville, pour 101.500 livres ; ensuite, il obtint de Louis XIV des lettres de réunion de la châtellenie de Briis au comté de Launay-Courson. A cette époque, il y avait 119 feux à Briis.

En 1730, la terre de Briis passa à Guillaume-Urbain de Lamoignon, comte de Montrevault, marquis de Lamotte-Champs-Deniers, etc. Puis, en 1775, à Guillaume-Joseph Dupleix de Bacquencourt, intendant de Bourgogne, qui en fut le dernier seigneur. Lors de la Révolution, ses amis lui conseillèrent de fuir, mais il persista à vouloir rester ; il fut arrêté, condamné à mort par le Tribunal révolutionnaire et exécuté à Paris, le 19 messidor, an III (5 juillet 1794). Le domaine de Briis passa alors à Marie Dupleix de Bacquencourt, sa fille, femme du comte Anatole de Montesquiou. Une partie de ce domaine est encore possédée par des membres de la famille.

DEUXIÈME PARTIE

ÉGLISES, DIMES, FONDATIONS PIEUSES

Dom Félibien, dans son histoire de Saint-Denis, rapporte qu'en l'année 768, le roi Pépin-le-Bref fit donation de Bries, avec son territoire, à l'abbaye de Saint-Denis pour les frais de sa sépulture dans cette abbaye, et il paraît certain que l'église de Briis a été édifiée et mise sous l'invocation de saint Denis par les moines de l'abbaye de Saint-Denis qui possédaient la terre de Briis en vertu de cette donation. Cette église, dont l'architecture appartient en partie à l'époque de transition du roman au gothique, c'est-à-dire aux xie et xiie siècles et qui participe de ces deux styles, se compose d'une nef qui n'offre rien de remarquable et d'un chœur élevé de quatre marches ; cette partie est la plus ancienne.

Le clocher, qui est de la même époque que le chœur auquel il est attenant, est construit en dehors de l'église, il est de forme carrée, sa hauteur est de 39 mètres, et il se termine par quatre pignons indiquant les quatre points cardinaux ; ce qui est une attestation de plus de son ancienneté, car c'est du xiie siècle que date cette forme de toiture des clochers. Avant la Révolution il contenait trois cloches de différentes grandeurs, mais en vertu d'un décret de l'Assemblée nationale du 23 juillet 1793, portant qu'il ne serait laissé qu'une cloche dans chaque paroisse, et par décision de la municipalité, la moyenne et la petite furent envoyées à Versailles pour y être fondues, la plus grosse fut seule conservée.

L'église de Briis qui, comme il a été dit précédemment, était devenue Temple protestant au xviie siècle, eut encore à subir plusieurs transformations à une époque plus rapprochée. En l'an II de la première République, lors de la subs-

titution du culte à la Raison au culte catholique, elle devint
« Temple de la Raison », et dans le courant de la même année
« Temple à l'Être suprême », puis elle fut rendue au culte
catholique le 19 prairial, an III.

Dans une chapelle latérale, à gauche du maître-autel, on
lit l'épitaphe suivante :

CI-GIT MESSIRE JACQUES DUMOULIN,
CHANCELLIER ORDINAIRE DU ROI, SEIGNEUR DE BRIIS, SERVON
ET LABORDE-GRAPPIN,
LEQUEL DÉCÉDÉ EN SON HOSTEL, A BRIIS, LE 22 MARS 1575.
PRIEZ DIEU POUR SON AME.

L'abbaye de Saint-Magloire de Paris, lors de sa fondation,
fut gratifiée, par le roi Henri Ier, en 1047, de l'église et de la
moitié du village de Bries, avec le droit de justice et les
dîmes de Bries et Invilliers.

En 1147, Beaudoin, abbé de Saint-Magloire, céda, à chacun
des habitants de Bries, un quartier de terre pour sa maison
et son jardin, plus un demi-arpent pour cultiver, à la charge
de lui payer tous les ans, à la fête de Noël, un pain blanc ou
un denier, un chapon ou une poule et une mine d'avoine ; le
même abbé fit construire, à Bries, une église dédiée à la
sainte Croix et un couvent dans lequel il mit des moines de
son abbaye [1]. Le tout est mentionné dans une bulle du pape
Adrien IV, de l'an 1155, et dans un diplôme du roi Louis-le-
Jeune de l'année 1159, lequel confirma à l'abbé de Saint-
Magloire toutes ses possessions.

Thomas, seigneur de Bruyères-le-Châtel, possédait une
partie de la dîme de Bries, il la donna à la chapelle de Saint-
Thomas-du-Plessis, ce qui fût confirmé par Eudes de Sully,
évêque de Paris, en 1201.

Le chevalier Jean de Bries, second du nom, fils du précédent, et dame Aveline, sa femme, assignèrent des terres à

[1] L'église et le couvent furent démolis en 1618.

Bries et à Bligny pour fonder une Maison-Dieu audit Bries, le mercredi avant la fête de la Pentecôte, en 1265.

Le prieuré de Bries est nommé le quatrième dans le catalogue des bénéfices du diocèse de Massy. Les prieurs étaient tenus de payer tous les ans aux chanoines de Notre-Dame de Paris, le *pigmentum*, à la fête de l'Assomption, ils recevaient la moitié des offrandes de l'église Saint-Denis de Bries. Simon de Montfort, qui en était curé en 1308, ayant intenté un procès à ce sujet, le prieur, du consentement de Gobert, son abbé, y renonça, à condition que le curé lui paierait 8 livres par an, sauf le droit de chambrier de saint Magloire, dans la moitié de l'offrande des cierges de la fête de la Purification ; ce dernier était tenu de payer le droit à l'évêque pour le synode de la visite. Ce traité fut passé en 1309, devant l'official de Gentilly, par Guillaume d'Aurillac, évêque de Paris.

Il y eut, en 1318, un procès entre Bries et Limours au sujet des reliques de saint Marc, renfermées dans une châsse d'argent doré, que le curé de Limours avait déposées dans l'église de Bries, pour les mettre en sûreté pendant un siège que cette ville eut à subir, et que le clergé de Bries prétendait garder comme lui appartenant. Ce procès dura plusieurs années, et gain de cause fut enfin donné à Limours qui rentra en possession de ses reliques.

Geoffroy de Netz, moine de Saint-Magloire, qui a mis en vers français, en 1319, l'histoire de la translation de ces reliques qui eut lieu le 9 juillet 1318, s'exprime ainsi sur les officiants :

> Ceux officiants furent lors,
> Ces autres furent prieurs hors,
> De Sainte-Croix de Bries Jehan
> De Laqueue prieur cet an
> Etait, et Jehan de Moncy.
> De Versailles, prieur aussi.

Simon de Bries, seigneur en 1328, amortit, en faveur de

l'abbaye de Saint-Magloire de Paris, deux arpents de vigne donnés par Raoul d'Aubecourt.

Le 13 septembre 1530, il y eut un traité entre René Chêne, curé de Briis, et l'abbé de Saint-Magloire touchant les dîmes, ce traité fut ratifié par l'évêque, le 4 mars 1531.

En 1618, André du Saussay était curé de Briis; il devint ensuite curé de Lieusaint, de Saint-Leu, à Paris, puis évêque de Toul; il était bachelier en théologie, il composa plusieurs ouvrages et mourut à 80 ans.

Nicolas de Lamoignon de Bâville, intendant de Languedoc, seigneur de Briis et Vaugrigneuse, haute justice de Forges, etc., a fondé, en 1711, un établissement de Sœurs à Briis, les pauvres y recevaient le pain et la soupe.

M. Girard, officier de la duchesse de Bourgogne, a donné au village de Briis, le 2 mai 1711, avec l'autorisation du cardinal de Noailles, archevêque de Paris, une grande maison située audit lieu, contenant huit chambres à feu, cour, jardin et dépendances, pour y fonder un hospice, plus 300 livret de rente assise sur les gabelles, pour son entretien. Le tout pour en jouir après son décès arrivé à Briis, le 11 nos vembre 1738. Mme Girard, sa veuve, a laissé des terres audi hospice.

Le 10 septembre 1745, Marguerite Normant, veuve de Urbain de Lamoignon et la communauté des Sœurs de la Charité Sainte-Marguerite, à Paris, ont donné la chapelle Sainte-Barbe à l'église de Briis, ainsi qu'il est dit dans une inscription de la chapelle de ce nom.

Guillaume de Lamoignon-de-Montrevault, maître des requêtes, baron de Boardy-de-Saint-Gratien, en 1750, patron de la chapelle du Rosaire, a légué, le 5 juillet 1771, 300 livres de rente au bureau de bienfaisance. Les donations faites à l'hospice s'élevaient alors à 1.000 livres en terres. La fabrique possédait 1.200 livres de rente.

Lors de la suppression de l'hospice, les terres, dont le produit était affectée à l'entretien de cet établissement, ont été attribuées au bureau de bienfaisance.

PÉRIODE RÉVOLUTIONNAIRE

Le 11 mars 1789, en l'assemblée convoquée au son de la cloche, en la manière accoutumée, sont comparus devant Louis Thibault, notaire et greffier du baillage de Briis : — Louis-François de Saint-Michel, syndic; Nicolas-Louis Brière ; Pierre Adrien Gaut ; Jean-Baptiste Machelard ; François Coquet ; Louis Buisson et David Drouard, membres de municipalité de cette paroisse ; Marin Vaudron ; Claude Fourneau et Alexandre Baudry, adjoints pour la confection des rôles de ladite paroisse, composée de 150 feux, et 49 autres habitants, tous français, âgés de 25 ans et compris aux rôles des tailles ; lesquels, pour obéir aux ordres du roi et satisfaire à l'ordonnance de M. le bailly de Dourdan concernant les cahiers des paroisses, ont déclaré qu'ils avaient procédé à la rédaction du cahier des plaintes, doléances et remontrances de la paroisse de Briis, et ils ont présenté ledit cahier dont lecture a été faite ; après quoi ont signé tous les habitants sachant signer. Puis, après avoir délibéré sur le choix des députés à nommer, en conformité des lettres-patentes du roi, la majorité s'est prononcée en faveur des sieurs : Louis-François de Saint Michel, conseiller du roi, premier garde-marteau de la Maîtrise particulière des Eaux-et-Forêts de Dourdan ; Pierre-Adrien Gaut, marchand laboureur, tous deux demeurant en la paroisse de Briis qui ont accepté la mission de porter à l'assemblée qui sera tenue devant M. le bailly de Dourdan, ledit cahier, et de se conformer à tout ce qui leur sera prescrit pour le bien de tous.

Le 20 septembre 1789, à l'issue de la messe paroissiale, les syndics, membres et adjoints de la municipalité de la paroisse de Briis, convoqués en assemblée, ont décidé de former une milice bourgeoise, nationale, pour le maintien du bon ordre et la sureté des personnes, ainsi que cela était en usage dans toutes les parties du royaume ; il a été arrêté qu'il serait monté, toutes les nuits, une garde composée de six hommes, demeurant dans le lieu même de Briis, et que ceux qui refuseraient de faire ce service, seraient déclarés mauvais citoyens.

Le mardi 9 février 1790, tous les habitants actifs de Briis-les-Vaugrigneuse, — Briis était ainsi dénommé à cette époque, — convoqués par les syndics de la municipalité en exercice, se sont assemblés dans l'église paroissiale à l'effet de procéder à l'élection des officiers municipaux et syndics devant composer la nouvelle municipalité, en exécution des lettres-patentes du roi et des décrets de l'assemblée nationale ordonnant la constitution desdites municipalités dans tout le royaume.

Après la formation du bureau et que tous les électeurs présents eurent juré de choisir, en leur âme et conscience, ceux qu'ils croiraient les plus dignes de la confiance publique et les plus capables de remplir avec zèle et courage les fonctions civiles et politiques qui pourraient leur être confiées, scrutin fut ouvert et donna les résultats suivants : Maire, le sieur Louis-François de Saint-Michel ; officiers municipaux : les sieurs Denis Drouard, Pierre-Adrien Gaut, Jean-Baptiste Machelard et Antoine Lamy ; procureur de la commune : le sieur Etienne David.

Enfin comme complément du corps municipal, furent également élus à titre de notables et au nombre de douze, les sieurs : Jean-François-Joseph Brossier, Jean-François Brière, Alexandre Baudry, Louis Buisson, Claude Morlet, Charles-Julien Milsant, François Coquet, Louis Chapon, Marin Vaudron, Thomas Feuilleret, Claude Morlet et Pierre Duval ; lesquels ont déclaré accepter et ont prêté serment de fidélité à la nation, à la loi et au roi.

Le 27 juin 1790, la garde nationale de Briis, composée de

154 hommes, s'est assemblée pour procéder à la nomination
de six hommes par cent devant se transporter à Versailles, le
29 du mois, à l'effet de nommer un homme par deux cents,
lequel devra se rendre à la fédération générale qui aura lieu
le 14 juillet de la présente année. Ont été nommés : Baudry
fils, Louis Thibault, Gaut fils, Jérôme Danvers, Marcel Prault,
Fourneau fils, Renault fils aîné, Buffaittrille fils et Binet
jeune [1].

Le 14 juillet 1790, le maire, les officiers municipaux et les
citoyens composant la garde nationale de Briis, se sont rendus
à onze heures du matin à l'église pour assister officiellement
à une grand'messe qui devait être chantée pour célébrer
l'anniversaire du 14 juillet 1789 [2].

Le 14 novembre 1790, sur l'ordre du Conseil général de
Versailles, les conseillers municipaux de Briis, accompagnés
du sieur Thibault, notaire et greffier du ci-devant baillage et
comté-pairie de Launay-Courson et Briis-Vaugrigneuse
réunis, se sont transportés chez ledit sieur Thibault à l'effet
d'apposer les scellés sur les registres dudit baillage, ainsi
que sur ceux du château de Courson.

Le 25 avril 1791, M. Jean-Claude Morlet est élu maire en
remplacement de M. de Saint-Michel, démissionnaire.

Le 15 octobre 1792, la municipalité assemblée décide qu'il
sera pourvu au remplacement des Sœurs de l'hospice par une
seule personne qui sera à la fois garde-malade et maîtresse
d'école.

Le 23 novembre 1792, les registres de l'église, auxquels
doivent être substitués des registres civils, sont remis par
le curé Liot à M. Morlet, maire de Briis [3].

Le 16 décembre 1792, sur la convocation du citoyen maire
et des citoyens conseillers municipaux, faite par affiches et
au son de la cloche, les électeurs se sont assemblés en l'église

---

[1] Voir à l'appendice pièce n° 1.
[2] Voir à l'appendice pièce n° 2.
[3] Voir à l'appendice pièce n° 3.

paroissiale à l'effet d'élire un maire et des conseillers municipaux. Après la nomination des membres du bureau, lesquels prirent place au banc d'œuvre le citoyen Thibault
proposa de chanter *l'hymne des Marseillais*; cette proposition
fut accueillie avec enthousiasme et l'hymne fut chanté aux
applaudissements de tous les assistants, après quoi on procéda à l'élection de la municipalité. On été élus : maire,
Jean-François Brossier qui a accepté et juré de maintenir la
liberté et l'égalité ou de mourir en les défendant; officiers
municipaux : Louis Pépin, Jean-Baptiste Hardy, Claude-
François Fourneau, Edme Quatresout, Charles-Julien Milsant, et douze notables.

Le 28 décembre 1792, sur la proposition du citoyen Binet,
procureur de la commune, il a été procédé au scrutin public
à l'élection de deux citoyens appelés à faire partie du tribunal de police dont la formation a été ordonnée et qui doit se
composer du maire, de deux officiers municipaux et de deux
citoyens élus.

Le 31 mars 1793, sur l'ordre du comité de défense de la
Convention nationale, qui prescrit aux municipalités de Seine-
et-Oise, de surveiller les ci-devant châteaux et maisons de
campagne de leur territoire et de mettre en état d'arresta-
tion dans les vingt-quatre heures, les ci-devant nobles et
prêtres non salariés par l'Etat, les gens et domestiques qui
leur sont attachés, et toutes personnes députées et sus-
pectes ou dénommées comme telles, par six citoyens connus
pour leur patriotisme et domiciliés dans l'étendue du territoire de la commune. Les officiers municipaux et les notables, réunis et interrogés par le citoyen Pépin, président
de l'assemblée, en l'absence du maire, ont déclaré qu'ils ne
connaissaient personne dans ce cas, excepté toutefois, le
citoyen Jean-François Binet, dénoncé par le citoyen Hardy
comme suspect pour avoir dit qu'il voudrait que les femmes
de la commune « tombassent » sur le citoyen Milsant qui

s'était chargé de porter au district de Versailles la croix d'argent de l'église pour être fondue.

Le samedi 10 août 1793, à l'occasion de la fête de la Fédération et en vertu de l'arrêté du Conseil général, l'autel de la patrie fut dressé au pied de l'arbre de la Liberté, sur la place de ce nom, et une fête patriotique fut célébrée au milieu du plus grand enthousiasme ; les papiers et titres féodaux des anciens seigneurs du lieu recueillis par les soins du citoyen Thibault, juge de paix, et remis par lui à la municipalité, furent brûlés, conformément à la loi, ainsi que l'ancien drapeau fleurdelisé [1].

Le 22 août 1793, la municipalité de Briis s'est assemblée en la maison commune à l'effet de nommer trois commissaires chargés de porter au district de Versailles la liste des citoyens de la commune désignés par ladite municipalité comme pouvant contribuer à l'emprunt forcé prescrit par la loi ; ont été nommés : Baptiste Machelard, Milsant et Adrien Gaut.

Le 27 septembre 1793, en vertu de la loi du 23 août dernier mettant en réquisition les citoyens de dix-huit à vingt-cinq ans, la commune de Briis eut à fournir vingt-trois hommes dont la liste fut envoyée au district.

Le 23 octobre 1793, la municipalité requiert le citoyen Jean-Baptiste Jeulin, maçon, à l'effet de supprimer « les marques tant féodales que royalistes existant, tant dans l'église qu'en dehors, pour le prix de 15 livres ».

Le 27 octobre 1793, sur l'ordre du district de Versailles, il a été requis à Briis des chevaux pour les armées de la République et du vieux linge destiné à faire de la charpie pour les blessés.

Le 28 brumaire, an II (18 nov. 1793), sur la réquisition de Jean-François Binet, procureur de la commune, lequel a

---

[1] Voir la pièce n° 4.

représenté qu'il était du devoir de tous les patriotes d'offrir
à la République tout ce dont il pouvait disposer, et que les
communes devaient donner l'exemple en disposant, à cet effet,
de toutes leurs ressources disponibles, il a été décidé par
l'assemblée municipale que l'argenterie, les cuivres, ornements, linge et grilles provenant de l'église seraient portés
au district de Versailles par les citoyens Jean-Louis Pépin
et Charles-Julien Milsant, officiers municipaux, ce qui eut
lieu le 16 pluviôse, an II.

Le 6 frimaire, an II (26 nov. 1793), en vertu de la loi du
24 août dernier, portant que les titres de rentes des fabriques
et hospices seront remis au directeur général de la dette
publique pour être inscrits au grand livre, ceux de la fabrique
de l'église de Briis et de l'Hôtel-Dieu sont portés à Paris
par les citoyens Charles Milsant et Edme Quatresout,
délégués à cet effet par l'assemblée municipale.

Le 8 frimaire, an II (26 nov.), les officiers municipaux de
la commune de Briis se sont assemblés à l'effet d'inviter les
citoyens et citoyennes à donner, selon leurs moyens, des
chemises, bas et vieux linge pour le service des armées de la
République. Les citoyens Louis-Claude Petit, Antoine Sauvage et Jean-François Binet, procureur de la commune, ont
accepté la mission de recueillir ces divers objets.

Le 11 frimaire, an II (1er déc. 1793), l'assemblée municipale, sur la proposition du procureur de la commune, décide
qu'il sera procédé à la revision des limites du territoire de
la commune; à cet effet, les citoyens Louis-Nicolas Brière,
François-Nicolas Collot, Georges-Antoine Bordelet, Pierre
Duval, Michel Hardy, Louis-Alexandre Lefèvre, Marin
Vaudron et Antoine Mazure sont nommés commissaires pour
assister les commissaires du district dans cette opération.

Le 16 frimaire, an II (16 décembre), les commissaires
nommés par les municipalités de Briis, Vaugrineuse et Lau
nay-Courson, se sont réunis en l'étude du citoyen Thibault,
notaire audit lieu de Briis, qui a remis en leurs mains les

titres de féodalité du ci-devant seigneur desdites communes, le sieur Guillaume-Joseph Dupleix de Bacquencourt, pour être brûlés conformément à la loi du 17 juillet 1793. Ces titres furent divisés en trois parts et remis à chacun des commissaires des communes qu'ils concernaient, lesquels arrêtèrent entre eux que lesdits titres et papiers seraient incinérés à Briis au pied de l'arbre de la liberté, ce qui fut exécuté le 30 frimaire, jour de décadi, aux acclamations de tous les citoyens et aux cris répétés de : Vive la République [1] !

Le décadi 17 ventôse, l'an II (7 mars 1794), la citoyenne Angélique Duhaupas, ci-devant sœur de la Charité, attachée à l'hospice de Briis, s'est présentée en la maison commune, devant le maire et les officiers municipaux, à l'effet de prêter le serment prescrit par la loi du 14 août de la présente année et a juré d'être fidèle à la nation et à la loi et de maintenir de tout son pouvoir la liberté, l'égalité, l'unité et l'indivisibilité de la République, et de mourir en les défendant.

Le 18 nivôse, an II (7 janvier 1794), sur la réquisition de procureur de la commune faisant fonctions d'agent national et conformément au décret du 4 du même mois, relatif à la prise de Toulon, qui ordonne qu'il sera célébré dans toute l'étendue de la République une fête nationale le premier décadi qui suivra la publication dudit décret, ledit procureur et les citoyens Jean-Baptiste Michelard et Denis Drouard ont représenté qu'il y avait lieu d'organiser cette fête et ont arrêté qu'elle serait célébrée avec la plus grande solennité [2].

En conséquence, le 20 nivôse, an II (9 janvier 1794), en exécution du décret du 4 dudit mois et conformément à la délibération précitée, ladite fête fut célébrée solennellement et des arbres de liberté furent plantés, en grande pompe, sur

---

[1] Voir à l'Appendice le procès-verbal de cette cérémonie (pièce n° 5).
[2] Voir à l'Appendice la pièce n° 6.

la place de la Lberté et les carrefours de l'Égalité et de la Fraternité [1].

Le 7 pluviôse, an II (26 janvier 1794), sur la réquisition de Jean-François Binet, agent national, lequel a représenté que la ci-devant église ayant été convertie en *Temple de la Raison*, il y avait lieu de supprimer les croix, tant à l'intérieur qu'à l'extérieur de ladite église, ainsi que les statues, tableaux et autres ornements religieux qui pourraient s'y trouver, le corps municipal, réuni à cet effet, décida que lesdits objets seraient enlevés, ainsi que les bancs qui seraient rendus à leurs propriétaires. Il fut décidé, en outre, qu'il serait écrit en gros caractères, au-dessus de la porte principale : *Temple de la Raison*, et tous pouvoirs furent donnés au citoyen mairé pour l'exécution de ces décisions.

Le 18 prairial, an II (6 juin 1794), les officiers municipaux et l'agent national réunis en assemblée, sur l'ordre du comité de salut public et en conformité des décrets de la Convention nationale des 18 et 23 floréal, portant qu'il sera substitué à l'inscription *Temple de la Raison*, ces mots : — *Le peuple français reconnait l'Être suprême et l'immortalité de l'âme* — décidèrent qu'il serait immédiatement procédé à cette substitution et firent requérir, à cet effet, les citoyens Louis Jeulin et Nicolas Haméau, maçons, qui se chargèrent d'exécuter ce travail, moyennant 15 livres.

Le 19 prairial, an II (7 juin 1794), l'agent national, Jean-François Binet, ayant exposé à l'assemblée municipale qu'il y avait lieu, conformément au décret du 18 floréal, de prendre les dispositions nécessaires pour célébrer convenablement la fête de l'Être suprême, il fut arrêté que ladite fête serait célébrée par une cérémonie « en rapport avec le sujet » et les citoyens Nicolas Callot et Nicolas Brière furent nommés commissaires et chargés de préparer « le plan » de

---

[1] Voir à l'Appendice la pièce n° 7.

cette cérémonie. Le lendemain, 20 prairial, en eut lieu la célébration avec une grande magnificence [1].

Le jour de décadi, 30 prairial, an II (18 juin 1794), l'assemblée municipale, après avoir entendu le citoyen Jean-François Binet, agent national, qui représenta que, conformément au décret du 18 floréal dernier qui a institué les fêtes décadaires, il fallait que tous les citoyens et citoyennes de la commune fussent invités à célébrer ces fêtes et que faute par eux de se conformer audit décret, ils soient considérés comme suspects et traités comme tels, décida que cette invitation serait faite à son de caisse dans toutes les places et carrefours de Briis.

Le 20 messidor, an II (8 juillet 1794), conformément aux lois des 16 novembre 1792 et 4 mai 1793 qui ordonnent que des secours seront accordés aux pères et mères indigents, infirmes ou âgés des volontaires des armées de la République, une distribution fut faite à Pierre Guesneau, infirme, à Marie-Madeleine Hardy, veuve Charon, et à Catherine Barreau, veuve Drapier, par les citoyens François-Nicolas Collot et Denis Drouard commissaires nommés à cet effet par la municipalité.

Le 30 thermidor, an II (17 août 1794), en exécution de la loi du 7 messidor de la même année, la municipalité de Briis a été invitée par le district de Versailles à ouvrir un registre destiné à recevoir la déclaration de chaque cultivateur de la quantité de grains de toute nature qu'il a récolté dans la présente année.

Le même jour, ledit commissaire a fait connaître à l'assemblée municipale, en séance, un arrêté du district du département de Seine-et-Oise sur les réquisitions fixant le contingent à fournir par la commune de Briis à 500 quintaux de froment, de la manière suivante, entre les principaux cultivateurs de ladite commune:

---

[1] Voir à l'Appendice le compte rendu de cette fête (pièce n° 8).

Riquebourg	70	quintaux
Feuilleret...........	122	—
Billard	50	—
Coquet	96	—
Mazure	50	—
Machelard..........	112	—
Total :	500	

Plusieurs autres réquisitions de grains destinés aux subsistances des armées de la République eurent lieu dans le courant de la même année et des batteurs en granges furent requis pour en opérer le battage.

Le 18 vendémiaire, an III (26 octobre 1794), les fermiers de la commune de Briis sont requis par la municipalité de fournir au boulanger un sac de blé par charrue et par décadi, pour qu'il puisse faire la quantité de pain nécessaire à la consommation des habitants qui n'ont pas récolté [1].

Le décadi 30 nivôse, an III (21 janvier 1795), l'anniversaire de l'exécution du roi Louis XVI a été fêté solennellement à Briis, conformément à la loi du 21 nivôse an II, et au décret de la convention nationale du 18 floréal, concernant cette fête [2].

Le 20 germinal, an III (9 avril 1795), le citoyen Feuilleret, agent national, ayant représenté à l'asssemblée municipale qu'un certain nombre d'habitants de la commune manquaient de pain, il fut décidé que des commissaires seraient chargés de faire des réquisitions de grains chez les cultivateurs et que les personnes aisées seraient invitées à fournir l'argent nécessaire à cet effet. En conséquence, les citoyens Buisson, cabaretier, et Baudry, boulanger, furent désignés pour procéder à ces opérations, sous le contrôle du citoyen Thibault, chargé de recueillir les fonds et de solder les réquisitions.

Le 26 thermidor, an III (13 août 1795), en vertu de la loi

[1] N° 9. Voir à l'Appendice.
[2] N° 10. Voir le compte rendu à l'Appendice.

du 20 messidor dernier, relative à l'institution des gardes
champêtres, le citoyen Duval a été nommé à ces fonctions,
moyennant quatre septiers de blé par année.

Le 5 vendémiaire an IV (27 septembre 1796), le citoyen
Binet, instituteur, précédemment à Dampierre, est nommé
à Briis.

Le 3 brumaire, an IV (25 octobre 1796), le citoyen Michel
Hardy se rend adjudicataire de la perception de la contribution foncière de Briis. A cette époque, cette contribution était
perçue par des particuliers agréés par l'administration, sur
la proposition des municipalités, et qui remplissaient cette
mission moyennant le sou pour livre et en fournissant caution.

Le 15 brumaire, an IV (6 novembre 1796), l'assemblée municipale procède, conformément à la loi du 20 vendémiaire
de la même année, à l'élection d'un agent en remplacement
du maire, dont le titre est changé en celui d' « agent municipal ». Sont élus : agent municipal, le citoyen Collot ; adjoint,
le citoyen Fourneau.

Le 28 germinal, an IV (17 avril 1796), en l'assemblée des
citoyens de la commune de Briis, ayant les qualités réquises
par la loi pour faire partie de la garde nationale de ladite
commune, le citoyen Collot, agent municipal, après avoir fait
connaître l'objet de la réunion, a donné lecture de la loi du
28 prairial sur l'organisation de la garde nationale des dé-
partements, ainsi que de la lettre du ministre de la police
générale du 5 ventôse et des arrêtés du département, en date
des 19 dudit mois et 15 germinal courant, en exécution dés-
quels lois et arrêtés il devait être procédé à la formation des
compagnies et à la composition de leurs cadres. En conséquence, le nombre de citoyens de la commune reconnus aptes
à en faire partie étant de 133, nombre suffisant pour former
une compagnie, il a été passé, séance tenante, à la nomination des officiers, sous-officiers et caporaux. Ont été élus :
les citoyens Thibault, capitaine ; Antoine Sauvage, lieute-

nant ; Louis Pépin et François Chevalier, sous-lieutenants ;
Christophe Doublet, Charles Ridet, François Dieu et Pierre-
Adrien Paul, sergents ; et Navet père, Feuilleret fils, Rivière,
Gaucher fils, Moulineau, Machelard fils, Billard fils et Louis
Bordelet, caporaux. Tambours : les citoyens Doublet et
Laforest.

Le décadi, 20 thermidor, an VIII (9 juillet 1800), le titre de
maire ayant été rétabli, le citoyen Collot, agent municipal,
reprend ce titre.

Le 24 fructidor, an VIII (11 septembre 1800), il a été procédé à l'adjudication, au rabais, de la perception des contri-
butions de l'an IX, montant à 9.351 francs. Ladite perception
a été adjugée au citoyen Charles-Louis Binet, moyennant
2 centimes par franc, sur la déclaration du citoyen Gilles-
François Binet qu'il se portait caution pour l'adjudicataire
du quart de la somme à percevoir, conformément à la loi.

Le 19 nivôse an XI (2 janvier 1803), les citoyens Fourneau
et Baudry sont nommés : le premier, maire, et le second,
adjoint, en remplacement des citoyens Collot et Machelard,
démissionnaires. Des remerciements sont adressés par l'assemblée municipale au citoyen Collot pour les services qu'il
a rendus à la commune pendant les dix années consécutives
qu'a duré son administration.

L'an XII, le 1ᵉʳ fructidor (19 août 1804), le conseil municipal de la commune, convoqué par le maire, à l'effet de délibérer au sujet d'une lettre du préfet de Seine-et-Oise relative
à la cure de Briis, a cru devoir représenter à l'administration, qui en demandait la suppression comme succursale,
que la commune de Briis était une des principales du canton,
qu'elle était entourée de murs et de tourelles, qu'il y avait
un hospice, que l'église était très belle et élevée, et que la
population se composait d'environ 700 habitants ; que, d'ailleurs, les communes de Vaugrineuse et Courson y étaient
autrefois réunies et n'avaient été érigées en cures que depuis
deux cents ans environs, sur la demande des seigneurs.

Enfin, que ces deux communes étaient à une petite distance de Briis et qu'elles y étaient reliées par de bons chemins praticables en tout temps.

L'an XIV, le 7 vendémiaire (29 septembre 1805), les membres du conseil municipal assemblés sur la convocation du maire, conformément à l'autorisation de M. le conseiller de préfecture délégué par M. le préfet, à l'effet de délibérer sur l'acceptation d'une somme de 500 livres léguée par M. Valentin-Antoine Delie, en faveur des pauvres, ont accepté ce legs et chargé la commission administrative d'en faire la répartition aussitôt qu'elle sera autorisée à en prendre possession.

L'an XIV, le 17 vendémiaire (9 octobre 1805), conformément à la lettre de M. le préfet de Seine-et-Oise, en date du 20 fructidor, concernant le ban des vendanges, M. Claude Fourneau, maire, a réuni les six principaux propriétaires de vignes, les sieurs Collot, Brossier, Pépin, Drouard, Duval et Hardy, afin d'arrêter l'époque de l'ouverture des vendanges à jour fixe.

L'an 1806, dans le courant du mois de janvier, conformément aux ordres du gouvernement et à la circulaire de M. le conseiller d'État, commandeur de la Légion d'honneur, préfet du département de Seine-et-Oise, du 19 frimaire, an XIV, il a été procédé au recensement de la population de Briis; le résultat a donné : 188 garçons, 207 filles, 119 hommes mariés, 119 femmes mariées, 10 hommes veufs, 33 femmes veuves, 14 militaires sous les drapeaux ; soit un total de 690 individus.

Le 15 janvier 1809, M. Baudry, adjoint au maire, a été nommé maire en remplacement de M. Fourneau décédé, et a prêté le serment d'obéissance aux constitutions de l'Empire et de fidélité à l'Empereur, prescrit par le Sénatus-consulte du 28 floréal, an XII.

Le 7 avril 1812, vu l'extrême misère qui régnait dans la commune de Briis, les principaux cultivateurs et fermiers s'assemblèrent et décidèrent de venir en aide aux malheureux en faisant don chacun, d'une certaine quantité de blé dont la répartition fut faite par les soins de la municipalité. M. Louis-Antoine Mazure donna 2 septiers ; M. Charles-Noël Mazure, 2 septiers ; M. Nivet, 1 septier ; M. Perrin, 1 septier ; M. Bergeotte, un minot.

Le 10 mai 1812, le conseil municipal de la commune de Briis s'étant assemblé pour la session budgétaire annuelle procéda à l'examen des comptes du percepteur pour l'année 1811. Après avoir examiné et vérifié lesdits comptes et les pièces à l'appui, les recettes ont été arrêtées à 773 fr. 97 et les dépenses à 729 fr. 96, laissant un excédent de recettes de 44 fr. 01.

Le 4 juin 1813, l'inspecteur de l'Académie de Paris adresse à M. Binet, instituteur à Briis, le règlement arrêté par le Grand Maître de l'Université concernant l'enseignement dans les écoles primaires.

Le 2 mai 1816, la municipalité de Briis prête serment au roi Louis XVIII [1].

Le 30 juin 1816, le sieur Favreau est nommé instituteur [2].

Le 3 août 1817, M. Leroux est nommé maire [3].

APPENDICE

Toutes les curieuses et intéressantes pièces qui suivent sont extraites textuellement d'un vieux registre de la mairie de Briis.

Céjourd'huy jeudi 22 mai 1788, issüe des vespres, en conformité de la lettre adressée à M. le Syndic de la municipalité

[1] Voir pièce n° 12.
[2] Voir pièce n° 13.
[3] Voir pièce n° 14.

de ladite paroisse de Briis-Vaugrigneuse par MM. les députés composant le bureau intermédiaire du département de Corbeil, en date du 21 avril dernier, mondit sieur le syndic, ayant annoncé l'assemblée à ce jour et heure en la manière accoutumée, à laquelle assemblée qui s'est trouvée composée des principaux habitants de ladite paroisse, il a été fait lecture, par le greffier de ladite municipalité, de la déclaration du roy du 11 août 1776, et de la lettre surdatée et énoncée. Et de suite, il a été procédé à la nomination de deux collecteurs pour ladite paroisse de Briis pour l'année 1789, et de fait, lesdits habitants assemblés et soussignés ont, d'une commune et unanime voix, nommés pour collecteurs de ladite paroisse, les personnes de Henri Corret, laboureur, propriétaire au hameau du Coudray, paroisse de Briis et Pierre Simon, vigneron, audit Briis, qui ont signé.

Du dimanche 10 août 1788, issüe de la messe paroissiale.

Nous, soussignés, membres de la municipalité de Briis, après que la communication qui nous a été donnée de la lettre écrite à M. le Syndic de ladite municipalité par MM. les procureurs syndics du département de Corbeil, dans laquelle se trouve insérée une lettre de M. le contrôleur général, relativement à la tenue de l'assemblée municipale, à l'effet de la faire enregistrer sur le registre des délibérations de ladite municipalité, nous avons fait procéder à l'enregistrement de ladite lettre ainsi qu'il suit :

Copie de la lettre écrite par M. le contrôleur général à Messieurs de la commission intermédiaire de l'Ile-de-France :

« Le 14 juillet 1788, il m'a été adressé, Messieurs, par
« plusieurs commissions intermédiaires provinciales, diffé-
« rentes questions relativement à la manière dont doivent
« se tenir les assemblées municipales. On a demandé si le
« syndic pouvoit convoquer, quand il le jugeroit à propos,
« l'assemblée municipale ; s'il étoit obligé d'en prévenir le
« seigneur et le curé et de convenir avec eux du jour de la

« convocation ; si les membres de l'assemblée municipale
« pouvoient se dispenser de s'y trouver ; si l'assemblée devoit
« être convoquée au son de la cloche ou par billets, etc ; »

« Toutes ces questions trouvent leur réponse dans l'ordre
« simple et uniforme que Sa Majesté a jugé à propos de
« prescrire, et quelques commissions intermédiaires provin-
« ciales l'auront sans doute prévu ; »

« Toutes les assemblées municipales doivent être pourvues
« d'un registre de délibération, ce registre sera renouvelé
« chaque année ; »

« L'assemblée municipale doit se tenir de droit tous les
« dimanches, après la messe paroissiale, sans qu'aucun
« membre soit dans le cas d'être spécialement convoqué ; »

« Si le syndic a reçu, dans le cours de la semaine, des
« ordres du bureau intermédiaire du département, ou de
« M. l'Intendant, il doit les communiquer à l'assemblée mu-
« nicipale qui s'occupera immédiatement de les exécuter ; »

« Si le syndic n'a reçu aucun ordre et que l'assemblée
« municipale n'ait aucun objet dont elle ait à s'occuper, l'as-
« semblée n'en aura pas moins lieu après la messe parois-
« siale, et il sera inscrit sur le registre des délibérations
« que, tel jour, l'assemblée s'est réunie et s'est séparée,
« n'ayant reçu aucun ordre de l'exécution duquel elle ait à
« s'occuper et n'ayant aucun autre objet à traiter. »

« Si l'objet de travail porté à une assemblée tenue le
« dimanche, après la messe paroissiale, exigeait quelque
« assemblée extraordinaire avant le dimanche suivant,
« comme lorsqu'il sera question de la confection d'un rôle,
« alors on conviendra des jours et heures ou l'on se réunira
« et il ne sera besoin d'aucune convocation particulière pour
« que ladite assemblée ait lieu, attendu qu'il en sera fait
« mention sur le registre ; »

« Vous aurez soin, Messieurs, d'envoyer copie de ma
« lettre à tous les bureaux intermédiaires du département
« et de leur recommander d'en envoyer sur le champ des

« exemplaires à tous les syndics à qui le bureau intermé-
« diaire prescrira d'en faire accuser réception par une lettre
« signée de tous les membres de l'assemblée municipale, et
« notamment du curé et du seigneur, s'il est sur les lieux,
« ou de son représentant. »

L'an 1789, le lundy treize avril, issüe de la grand'messe
paroissiale, dite, chantée et célébrée en l'église paroissiale
de ce lieu de Briis, en l'assemblée convoquée par M. le
Syndic de la municipalité de cette paroisse, après la cloche
sonnée, en la manière accoutumée, à l'effet de faire la nomination de deux habitants pour collecteurs des tailles de ladite
paroisse pour l'année mil sept cent quatre-vingt-dix ; ladite
assemblée, composée de M. de Saint-Michel, syndic de la
municipalité ; les sieurs Machelard, Gaut, Coquet, Buisson,
Drouard, Brière, tous membres de ladite municipalité, Pierre
Hardy, Baudry, Jean-Baptiste Brossier, Charles-Julien Milsant, Jérôme Danvers et Jean-Baptiste Quettin, tous lesquels
sus-nommés après avoir mûrement réfléchi sur ladite nomination ont, d'une voix unanime, déclaré qu'ils nomment pour
collecteurs de ladite paroisse de Briis, pour l'année mil sept
cent quatre-vingt-dix, Eloy Ganchon, maître menuisier,
Louis-Honoré François Petit, laboureur, propriétaire, demeurant à Briis. En conséquence, a été dressé le présent acte,
lesdits jour, mois et an que dessus, et ont, tous lesdits sus-
nommés, signé, excepté ledit Jean-Baptiste Quettin, qui a
déclaré ne sçavoir écrire ni signer, de ce interpellé, suivant
l'ordonnance.

Aujourd'hui, mercredy, onze mars 1789, en l'assemblée
convoquée au son de la cloche, en la manière accoutumée,
sont comparus en l'auditoire de ce lieu et pardevant nous,
Louis Thibault, notaire et greffier du baillage de Briis ;
Louis François de Saint-Michel, Nicolas-Louis Brière, Pierre-
Adrien Gaut, Jean-Baptiste Machelard, François Coquet,
Louis Buisson, Denis Drouard, tous syndic et membres

de la municipalité de cette paroisse; Marin Vaudron,
Claude Fourneau, Alexandre Baudry, adjoints pour la
confection des rôles de ladite paroisse, Jérôme Danvers,
maître chirurgien; Jean-François Barreau, menuisier; Eloy
Ganchon, menuisier; Charles-Julien Milsant, marchand;
Etienne David, tailleur d'habits; Louis Arnou, charpentier;
Louis-Claude Petit, vigneron; Nicolas Chapon, Pierre
Duval, vignerons; Antoine Lamy, meunier; Michel Doublet,
Jean Auvrel, Louis Pépin, Pierre Guéneau, Jean François,
Joseph Brossier, Jean-Baptiste Barsollier, tous vignerons;
Antoine Magure, Jean-François Brière, tous deux labou-
reurs; Jean Malherbe, Pierre Dastrevigne, Etienne-Prosper
Masselin, bergers; Louis-Honoré-François-Georges-Antoine
Bordelet, Pierre François, Jean-François Binet, Gilles-
François Binet, Pierre Drapier, Louis Lapielle, Etienne
Lescaré, Jean-Louis Gaillard, Jean-Baptiste Brossier,Pierre
Simon, Louis Charon, Charles Brière, Jean-Baptiste Hardy,
Jean-Claude Morlet, Nicolas Broc, Pierre Boutet, Pierre
Hardy, Denis Gaucher, Edme Quatresout, Jean Duval,
Jérôme Lepage, Pierre Simon, Thomas Feuilleret, labou-
reurs; Michel Binet, Michel Hardy; tous nés François, âgés
de vingt-cinq ans, compris au rôle des tailles et habitants de
cette paroisse composée de cent-cinquante feux; lesquels,
pour obéir aux ordres de Sa Majesté, portés par les lettres
données à Versailles le vingt-quatre janvier dernier, pour la
convocation et tenue des États généraux de ce royaume
et satisfaire aux dispositions du règlement y annexé,
ainsy qu'à l'ordonnance de M. le bailly de Dourdan ou
M. son lieutenant général, dont ils nous ont déclaré avoir
une parfaite connaissance, tant par la lecture qui vient de
leur en être faite que par la lecture et publication cy-devant
faite au prône de la messe paroissiale, par M. le curé, le huit
du présent mois, et lecture, publication et affiche pareillement
faites, le même jour à l'issue de la messe de paroisse au
devant de la porte principale de l'église, nous ont déclaré

qu'ils alloient d'abord s'occuper de la rédaction de leur
cahier de doléances, plaintes et remontrances; et, en effet, y
ayant vaqué, ils nous ont représenté ledit cahier qui a été
signé par ceux des habitants qui sçavent signer et par nous,
après l'avoir coté par première et dernière page et paraphé,
ne varietur, au bas d'ycelles.

Et, de suite, lesdits habitants, après avoir mûrement
réfléchi et délibéré sur le choix des députés qu'ils sont tenus
de nommer en conformité desdites lettres du roy et règlement y annexé, et les voyx ayant été par nous recueillies en
la manière accoutumée, la pluralité des suffrages s'est réunie
en faveur des sieurs Louis-François de Saint-Michel, con_
seiller du roy, premier garde marteau de la maîtrise particulière des Eaux-et-Forêts de Dourdan, et Pierre-Adrien
Gaut, marchand laboureur, tous deux demeurant en cette
paroisse qui ont accepté ladite commission et promis de s'en
acquitter fidèlement.

Les nominations ainsy faites des députés, lesdits habitants
ont, en notre présence, remis auxdits sieurs de Saint-Michel
et Gaut, leurs députés, le cahier, afin de le porter à l'assemblée qui se tiendra le seize du présent mois, devant M. le
bailly de Dourdan ou son lieutenant général et leur ont
donné tout pouvoir requis et nécessaire, à l'effet de les
représenter à ladite assemblée, pour toutes les opérations
prescrites par l'ordonnance susdite de M. le bailly de Dourdan ou Monsieur son lieutenant général; comme aussy de
donner pouvoirs généraux et suffisants de proposer, remon-
trer, aviser et consentir tout ce qui peut concerner les
besoins de l'État, la réforme des abus; l'établissement d'un
ordre fixe et durable dans toutes les parties de l'administration; la prospérité générale du royaume et le bien de tous
et de chacun des sujets de Sa Majesté. Et, de leur part, lesdits députés se sont présentement chargés du cahier de
doléances de ladite paroisse et ont promis de le porter à
ladite assemblée et de se conformer à tout ce qui est prescrit

et ordonné par lesdites lettres du roy, règlement y annexé
et ordonnances sus-datées ; lesquelles nominations des députés, remise de cahier, pouvoir et déclaration nous avons à
tous les susdits comparants donné acte et avons signé avec
ceux desdits habitants qui sçavent signer et avec lesdits
députés, notre présent procès-verbal, ainsi que le duplicata
que nous avons présentement remis auxdits députés pour
constater leurs pouvoirs ; et le présent sera déposé ès-mains
du greffier de la municipalité de cette paroisse, ledit jour
et an. Et avons signé sur la minute des présentes.

CAHIER DES PLAINTES ET DOLÉANCES

DE LA PAROISSE DE BRIIS-SOUS-FORGES

ARTICLE PREMIER. — Le long intervalle qui s'est écoulé
depuis les États généraux tenus en 1614.

ART. 2. — Le peu d'influence qu'a eu jusqu'à présent le
Tiers-État dans les assemblées nationales, ce qui fait tom-
ber tout le poids immense des impositions presque sur lui
tout seul.

ART. 3. — Le défaut de loix précises qui rappellent et
assurent la constitution fondamentale de l'État et des droits
respectifs du monarque et de la nation.

ART. 4. — Les taux excessifs où sont portés les impôts de
tous genres et sous une infinité de dénominations. Ces impôts
sont tels, que laissant à peine aux cultivateurs la portion des
fruits nécessaires à leur subsistance, ils les privent de ce
dont ils auroient besoin pour améliorer une culture qui lan-
guit et augmenter la production. Telle est la cause de la
misère qui règne dans les campagnes, du modique produit

des terres et des faibles ressources que l'État trouve, au besoin, dans la fortune des citoyens.

Art. 5. — L'injuste répartition des impôts dont les grands, tant du clergé que de la noblesse, ne supportent que la plus foible portion, tandis qu'ils jouissent de la majeure partie des biens-fonds du royaume.

Art. 6. — L'interprétation forcée que les administrateurs des domaines du roy donnent aux droits de contrôle et autres.

Art. 7. — La corvée en nature et en argent qui n'est supportée que par le peuple, tandis que ce sont les grands et les riches propriétaires qui jouissent le plus complètement, soit par eux-mêmes, soit par leurs consommations, de l'avantage des grandes routes.

L'abus des plantations d'arbres sur les grandes routes dont le produit, au lieu de servir à leur entretien, est diverti pour être employé à tout autre objet ou abandonné au seigneur des terres, au préjudice des propriétaires des terres sur lesquelles les mêmes arbres sont plantés.

Art. 8. — Le mauvais employ des biens du clergé.

Art. 9. — L'éducation trop négligée des habitants de la campagne, provenant de l'ignorance et du peu de conduite des maîtres destinés à l'éducation de la jeunesse ; de là, les désordres qui y règnent.

Art. 10. — La mendicité, suite ordinaire de la misère publique et du prix excessif des grains.

Art. 11. — Le défaut de police dans les campagnes qui est cause que les productions de la terre confiées à la foy publique, sont pillées et dévastées, au grand préjudice des propriétaires et des cultivateurs. Ce défaut de police nuit également aux mœurs par la liberté qu'on a de pouvoir se livrer impunément aux excès de la débauche. Les cabarets sont des repaires de vagabonds qui débauchent la jeunesse, font perdre un temps précieux aux ouvriers qui, dépourvus des moyens de subsister que doit leur produire leur travail, sont forcés de se livrer au brigandage, aux fourberies et à la mauvaise foy, pour trouver les moyens de subsister et d'entretenir leurs débauches.

Art. 12. — Les jugements par Commissions inventés pour soustraire aux rigueurs de la justice les coupables et faire succomber les innocents.

Art. 13. — Les lenteurs et les frais excessifs de la justice.

Art. 14. — L'irréligion, suite de la corruption des mœurs et du luxe.

Art. 15. — Les privilèges exclusifs, les entraves dans le commerce, la mauvaise foy qui y règne, la diversité des mesures et poids.

Art. 16. — Les abus et désordres occasionnés par le droit exclusif de la chasse.

Art. 17. — L'usage récent et presque souvent inutile où sont les seigneurs propriétaires des terres de faire faire des terriers où règne l'arbitraire et qui trouble les possesseurs des biens et leur devient, en outre, une charge très considérable par l'augmentation des droits qu'on exige.

Art. 18. — Les duels et les querelles particulières qui privent souvent l'État de citoyens très utiles pour un faux préjugé d'honneur inconnu jadis aux nations les plus braves.

Art. 19. — L'aliénation ou partage des communes entre habitants des paroisses contraires à leurs intérêts.

Art. 20. — La disette du bois dont on est menacé par ce qu'on les coupe ordinairement trop jeunes.

Art. 21. — Les dépôts de mendicité et maisons de force très dispendieuses et presque sans aucune utilité.

Art. 22. — Les milices onéreuses aux campagnes par les bourses et le mauvais sort qui attend le soldat provincial, le désole et lui fait redouter une charge que tout généreux citoyen devrait être flatté de remplir.

Art. 23. — Les charlatans et le peu de capacité des gens qui s'ingèrent à traiter les malades ;

L'usage qui s'est introduit depuis peu de n'admettre que

les nobles dans les cours supérieurs et même dans les emplois militaires.

VŒUX ET DEMANDES

FORMÉS PAR LES HABITANTS DE LA PAROISSE
DE BRIIS-SOUS-FORGES

ARTICLE PREMIER. — Le retour périodique des États généraux, lesquels pourront s'assembler de plein droit sans autres convocations, à époques fixes, dans un lieu déterminé.

ART. 2. — Que les députés du Tiers-État soient toujours en nombre égal, au moins, à celui des deux ordres réunis.

ART. 3. — Que les suffrages soient recueillis, non par ordre, mais par tête ; que chaque ordre ne puisse être représenté que par ses membres exclusivement, si mieux n'aiment les nobles renoncer à leurs privilèges, par acte public.

ART. 4. — Examiner si la nation assemblée n'est pas, d'après l'ancienne constitution de l'État, colégislatrice avec le roy, et dans ce cas, en former une loi constitutionnelle et fondamentale qui décide d'une manière claire et précise qu'aucune loi ne pourra être formée, promulguée et exécutée dans le royaume, qu'elle n'ait été préalablement consentie par le roy et les ordres de l'État dans l'assemblée nationale.

Ordonner néanmoins, l'exécution provisoire, en tout et en quoy, il ne pourra être dérogé par les présents États généraux, jusqu'à ce qu'elles ayent été changées ou modifiées par lesdits États.

ART. 5. — Les impôts établis et répartis également sur toutes les classes de citoyens sans aucune exception ; la suppression, autant que faire se pourra, de tous les droits onéreux d'aides, dons gratuits, régie des cuirs et autres ;

La diminution du prix du sel, prévenir le divertissement des fonds publics en fixant les sommes destinées à chaque dépense ;

N'accorder les pensions sur ces mêmes fonds que pour services rendus à l'État ;

Examiner ce qui peut être utile à l'administration des domaines du roy ;

Faire la recherche des échanges faits depuis le commencement du règne de Louis XV et qui peuvent avoir été onéreux au roy.

ART. 6. — Aux conditions énoncées aux articles cy-dessus, la dette nationale consolidée et reconnue par les États généraux.

ART. 7. — Que les impôts consentis par les États généraux, ne pourront l'être que pour le temps qui s'écoulera jusqu'à l'époque du retour desdits États.

ART. 8. — Que les assemblées provinciales soient converties en États provinciaux.

ART. 9. — Former un tarif des droits de contrôle, insinuation et autres, assez clair et assez précis pour que chaque citoyen puisse être aisément instruit de ce qu'il doit payer.

ART. 10. — Prévenir la cherté des grains en établissant dans les provinces des greniers publics à l'instar de ceux établis pour l'approvisionnement de Paris.

ART. 11. — Établir sur toutes les classes de citoyens une contribution pour la confection et établissement des travaux publics, tels que les grandes routes, les canaux, àqueducs et autres d'une utilité reconnue, à l'effet d'en opérer l'exécution et le remboursement des terrains qui seront pris pour cet objet ;

Rechercher et examiner à quel titre les arbres jusqu'à présent plantés sur les grandes routes ont été abandonnés aux seigneurs des terres et quel employ on fait de leur produit, au préjudice des propriétaires des terrains sur lesquels ces arbres sont plantés. Enfin, le rétablissement des grandes routes usurpées par autorité;

Fixer aussi par une loy, la largeur des chemins vicinaux, et tous ces objets attribués aux États provinciaux.

ART. 12. — L'établissement d'une caisse de religion à laquelle on appliquera tous les revenus des abbayes, bénéfices non à charge d'âme, des archevêchés et évêchés, après la mort de chaque titulaire, pour fixer à chaque archevêque et évêque, à la charge de la résidence dans son diocèse, une somme proportionnée à sa dignité;

Exiger pour les ecclésiastiques nobles autant de places dans les chapitres des cathédrales qu'il pourra y avoir d'abbayes supprimées; leur assigner sur la caisse de religion une somme honnête, à la charge de se conformer aux règles des chapitres où ils seront fixés;

Réunir les maisons religieuses trop peu nombreuses à d'autres maisons; les revenus de ces maisons supprimés, appliqués à la caisse de religion, laquelle justifiera de sa gestion aux États généraux;

Fixer, sur les produits de cette caisse de religion, le sort des curés et vicaires dont les revenus pourroient être trop modiques, ainsi que des maîtres préposés à l'éducation des habitants de la campagne;

Exiger que ces maîtres subissent, à l'avenir, des examens scrupuleux de capacité et de bonnes vie et mœurs;

Tous ces objets remplis, destiner le surplus à être distribué dans chaque paroisse au prorata de ses besoins pour le soulagement des gens infirmes, pour procurer aux pauvres valides les moyens de subsister honnêtement par leur travail; venir à leur secours dans les accidents et pertes de bestiaux qui pourroient leur arriver, et en cas d'insuffisance établie une taxe de pauvres, et à cet effet, des bureaux de charité;

Au moyen de la suppression totale des abbayes comman-

datoires tant d'hommes que de femmes, charger les maisons
religieuses grevées de ces abbayes, de l'éducation d'un
nombre de pauvres gentilshommes proportionné à leurs
revenus; les obliger d'établir dans quelques maisons de leur
ordre, des collèges où ils les feraient entretenir et instruire;
il en serait de même pour les maisons religieuses de filles.
Au moyen de cet arrangement, les revenus destinés à
l'école militaire et à la maison de Saint-Cyr, serviroient à
augmenter les pensions de ces élèves après leur éducation
faite.

Art. 13. — Donner aux assemblées municipales le droit
de police et de connaissance de tout ce qui intéresse l'ordre
public dans les campagnes, les autoriser à veiller à l'éducation publique, infliger quelques peines sous forme de correc-
tion aux sujets vicieux, qui, par leurs mauvaises mœurs,
troubleroient ou scandaliseroient le public, et à prendre
connaissance des délits graves pour en informer le procureur du roy du baillage du ressort.

Art. 14. — Supprimer les justices seigneuriales, le droit
de la justice n'appartenant qu'au roy, étant constant que les
seigneurs, lors du règne féodal, ont usurpé ce droit qui ne
leur appartenait pas.

Art. 15. — Créer et établir des baillages royaux dont les
arrondissements seront circonscrits et limités, et dans ces
lieux établir le bureau de recette, les gabelles et le tabac.

Art. 16. — Supprimer la venalité des charges; le droit à
la nation de présenter elle-même ses juges au roy qui les
nommeroit parmi un nombre qui lui seroit proposé, soit
par les assemblées des baillages, soit par les assemblées
des villes où siégeraient les cours supérieurs;

Les titulaires actuels des offices jouiront de leurs charges
auxquelles il sera fixé des honoraires convenables par les
États généraux, si mieux ils n'aiment le remboursement de
leurs offices, suivant la liquidation qui en sera faite; les
enfants même desdits titulaires actuels seront préférés s'ils

le méritent. Aucun magistrat ne pourra être élu par la suite qu'à l'âge de trente ans ;

Toute personne qui aura corrompu ou acheté les suffrages sera déclarée incapable de remplir aucun employ.

Art. 17. — Tout citoyen ne pourra être traduit que par devant son juge naturel ;

Art. 18. — Solliciter des bontés du roy, le règlement promis par Sa Majesté pour diminuer la lenteur et les frais excessifs des procès et la suppression des charges d'huissiers priseurs, commissaires aux ventes, et des ordres surpris à la religion du roy pour attenter à la liberté des citoyens.

Art. 19. — Faire des loix telles, que les grands et les riches ne puissent abuser impunément de leur crédit et de leurs richesses pour opprimer injustement les faibles, les mépriser au point de ne respecter souvent, ni leurs propriétés, ni leurs personnes, ni leur honneur.

Faire des loix telles aussi, que les faibles ne sortent pas des bornes de l'honnêteté et du respect dû aux personnes en place et distinguées par leur mérite et par leur naissance, afin qu'il puisse régner parmi les citoyens de tous les ordres, une réciprocité de devoirs et d'obligations qui entretienne parmi eux une parfaite harmonie.

Art. 20. — Faire des loix capables d'arrêter les désordres du luxe ; mettre en vigueur celle contre les blasphémateurs et les gens qui s'ingèrent à déclamer publiquement contre la religion.

Art. 21. — La liberté indéfinie de toute espèce de commerce et profession ; punir rigoureusement toute espèce de fraude dans cette partie, nul ne pourra exercer aucun commerce ni aucune profession incompatibles, et quand on voudra changer de commerce ou profession, celuy qui sera dans cette intention sera obligé d'en faire déclaration par acte public ;

Ordonner la réduction des poids et mesures à une seule et

fixer un délai quelconque pour opérer ce changement.

Art. 22. — Examiner s'il ne serait pas utile de supprimer le droit exclusif de la chasse attribuée aux seigneurs des terres et fiefs et de l'accorder, ainsy que l'ont fait les premières ordonnances à cet égard, à tous les nobles et gens vivant noblement ; dans ce cas, laisser aux propriétaires de bois, au-dessus de cent arpents, de parcs et terrains clos de fossés, le droit exclusif d'y chasser ; défendre à toutes personnes d'y chasser, à peine d'être punies comme voleurs ; autoriser les propriétaires de terres à détruire sur leurs terres les animaux nuisibles à leur culture, comme aussi obliger les propriétaires de remises, qui ne sont pas plantées à la distance de vingt mètres, au moins, des héritages particuliers, à les faire arracher.

Art. 23. — Autoriser les communautés et propriétaires de terres à se rédimer par arpent de tous droits onéreux et sans autres titres primordiaux que les reconnaissances ;

Faire la recherche de la loi qui a décidé qu'il n'y avait point de terres sans seigneurs, n'ayant aucun principe de justice, et, dans ce cas, l'abolir.

Art. 24. — Dédommager les nobles de la perte de certaines prérogatives faites pour satisfaire leur vanité et s'arroger dans leurs terres une autorité qui tient plus de l'arbitraire que de la loi, en leur accordant dans les assemblées publiques des paroisses la présidence et la préséance dûes à leur rang et à leur dignité.

Abroger toutes loix et règlements qui interdiroient aux roturiers qui se distingueroient par leurs talents et leurs mérites le droit de parvenir aux charges de judicature et aux emplois militaires ; autoriser les nobles à faire le commerce sans déroger.

Art. 25. — Renouveller les ordonnances contre les duels et les maintenir dans toute leur rigueur et exécution, sans qu'en aucun cas on y puisse déroger.

Art. 26. — Autoriser les paroisses à partager entre les

habitants qui le demanderont les terrains communs suscep-
tibles de culture, soit pour leur vie, soit pour un temps
limité et convenu, après lequel temps, la communauté ou
paroisse pourra les louer à son profit, pour du produit de
ces terres être pourvu aux besoins et charges de ladite communauté, en réservant toujours un terrain suffisant pour le
pâturage des bestiaux de ladite communauté.

ART. 27. — Autoriser les communautés à planter les terrains vagues et en friche qui se trouvent sur leur territoire,
au défaut de le faire par les propriétaires, lesquels pourroient
avoir un tiers ou un quart dans la chose plantée ; destiner à
cet effet une partie du produit du quart de la réserve du bois
appartenant à la caisse de religion.

ART. 28. — Prévenir la disette du bois par des règlements
qui, sans préjudicier aux droits de la propriété, conser-
veroient aux familles et à l'Etat des ressources au besoin.

ART. 29. — Substituer aux dépôts de mendicité et moi-
sons de force, des travaux publics, et condamner à ces travaux les coupables détenus dans ces lieux d'horreur.

ART. 30. — Substituer aux cabarets, le seul divertissement
des jeunes gens de la campagne, des jeux et exercices
publics ; les encourager par des prix donnés à certaines
époques ;

Adoucir le sort des soldats provinciaux par le soin parti-
culier que les paroisses prendront d'eux et de leurs parents,
comme aussi de leur établissement à l'expiration de leur
congé, accompagné, toutefois, d'un certificat de bonne conduite.

ART. 31. — Ne permettre l'exercice de la chirurgie et de
la médecine, à l'avenir, à aucune personne qu'à celles qui
en auront étudié les principes et les auront exercés soit dans
les hôpitaux, soit sous des maîtres habiles pendant dix ans,
au moins, et dont ils rapporteront des certificats, ainsi que
des témoignages de bonne conduite, et après avoir subi un
examen scrupuleux de capacité ;

Acheter les secrets que quelques personnes peuvent avoir pour certaines guérisons lorsqu'ils auront été approuvés et reconnus par la faculté de médecine.

Aʀᴛ. 32. — La destruction des volières de pigeons des seigneurs et de ceux des particuliers, ou au moins qu'il soit fixé la quantité de ce que chacun pourra avoir et, dans ce cas, qu'il soit enjoint auxdits seigneurs et particuliers de les tenir enfermés pendant les temps de semences et de la moisson ; sinon, qu'il soit permis aux particuliers qui souffrent des dommages par l'effet desdits pigeons de les détruire.

Aʀᴛ. 33. — Que toutes espèces de grains et grenailles soient mesurées et coupées dans les marchés de la même manière que cela est pratiqué pour la vente du sel.

Aʀᴛ. 34. — Le rétablissement des chemins de la paroisse qui se trouvent presque impraticables et gênent les habitants pour l'exploitation de leurs grains dans les marchés.

Aʀᴛ. 35. — L'abolition des dixmes vertes et de celles que les curés perçoivent dans les basses-cours des fermes, ainsi que celles des denrées ensemencées sur des terres à guérets, de même que des troupeaux et agneaux ;

Que la dixme des grains soit fixée en argent à raison de l'arpent, au lieu d'être perçue par les curés, en nature, afin d'éviter par là les contestations qui ne naissent que trop fréquemment.

Pièce nᵒ 1

L'an 1790, le dimanche vingt-sept juin, nous lieutenant-colonel, en l'absence des deux commandants en chef et officiers de la garde nationale de la paroisse de Briis-sous-Forges, district de Versailles et canton de Limours soussignés, avons, en présence de MM. les maires et officiers municipaux dudit lieu aussi soussignés, fait assembler à l'issue des vêpres paroissiales les habitants composant ladite garde, étant au nombre de cent cinquante-quatre hommes,

compris les commandants et autres officiers, pour l'exécution
du décret de l'assemblée nationale du huit juin, présent mois,
et d'après la réquisition qui nous a été faite par MM. les
officiers de la ville de Versailles et qui nous a été transmise
par la municipalité de Limours, procédé à la nomination de
six hommes par cent, destinés à se transporter à Versailles
le vingt-neuf de ce mois à l'effet de nommer collectivement
avec les députés des autres paroisses du district, un homme
par deux cents, lequel sera chargé de se rendre à Paris à
la fédération générale qui aura lieu le quatorze juillet prochain. Et après que lecture a été faite à l'assemblée, tant
dudit décret que de la réquisition de la municipalité de Versailles, et que toutes les voix ont été par nous recueillies et
comptées, il en est résulté la nomination des sieurs Baudry
fils, Louis Thibault, Gaut fils, Jérôme Danvers, Marcel
Prault, Fourneau fils, Renault fils aîné, Buffaittrille fils, Binet
jeune, formant le nombre de cent cinquante-quatre dont la
garde nationale de ladite paroisse se trouve composée, suivant la liste qui y est annexée, observant que lesdits députés
se trouvent rangés dans l'ordre relatif au nombre des voix
que chacun a reçues en commençant par celui qui en a
obtenu le plus, et ainsi de suite.

En foy de quoy nous avons rédigé et signé le présent
procès-verbal demeuré pour copie au greffe de la municipalité
de cette paroisse.

Pièce n° 2

L'an 1790, le quatorze juillet, nous, Maire et officiers municipaux de Briis, et nous officiers et citoyens composant la
garde nationale dudit Briis, nous sommes rendus sur les
onze heures du matin à l'effet d'assister à une grand'messe
qui a été chantée pour célébrer l'anniversaire de l'année de
la liberté françoise, commencée le 14 juillet 1789, et nous
sommes réunis de cœur et d'intention à nos frères d'armes,

députés à la fédération de Paris, dont la réunion s'est faite au Champ de Mars, ledit jour 14 juillet, vers onze heures du matin, pour célébrer ledit anniversaire et se jurer une union réciproque, et d'être fidèles à la constitution du royaume, à la nation, à la loy et au roy. En conséquence, après la célébration de ladite messe et le *Te Deum* chanté, nous avons tous prêté, dans ladite église, en face de l'autel, le serment d'être fidèles à la constitution du royaume, à la nation, à la loy et au Roy. Et avons signé :

FEUILLERET, BUISSON, DE SAINT-MICHEL, GAUT, Michel HARDY, VAUDRON, DAVID, BROSSIER, DROUARD, DUVAL, Michel ROBIN.

PIÈCE n° 3

Aujourd'hui 23 novembre 1792, l'an premier de la République, Nous, Jean-Claude Morlet, maire, assisté du citoyen Jean Marabie, secrétaire greffier de la municipalité, sur la réquisition à nous faite par le citoyen Étienne David, procureur de la commune, en vertu de la loi du vingt septembre dernier qui détermine le mode de constater l'état civil des citoyens publics de cette commune le dimanche dudit mois de novembre dernier, vu que nous n'avons pu, dans le délay qu'elle prescrit, requérir la remise des registres de la paroisse, attendu l'absence du citoyen Liot, curé, qui était à l'assemblée électorale du département. Nous nous sommes aujourd'huy transportés en la maison presbytérale et l'avons requis de nous remettre tous les registres tant anciens que courants, et sur notre demande, ledit citoyen curé nous a, à l'instant, représenté et remis trois registres contenant tous les actes faits en cette paroisse depuis l'année mil-six-cent quatre-vingt-un, jusques et y compris celuy de l'année mil-sept-cent-quatre-vingt-onze ; il nous a déclaré que ces registres étoient les seuls dont il étoit dépositaire, que les autres plus anciens étoient renfermés dans le coffre de la fabrique en la sacristie où nous étant transportés, ouverture faite dudit coffre, nous y avons trouvé six registres tous moins en forme les uns que les autres, attendu que dans plusieurs, les actes ne sont signés de personne, qu'il se trouve des marques de feuillets arrachés et plusieurs feuillets en blanc. Ledit curé a fait l'ouverture d'un tiroir dans lequel se trouvoient les registres courants qu'il nous a remis; et après les avoir vérifiés et arrêtés, nous avons porté tous lesdits registres en la maison commune où nous avons remis les anciens ès-mains de notre greffier, et les registres courants ès-mains du citoyen Collot, commissaire, à l'effet de tenir lesdits registres. Fait et arrêté lesdits jour et an que dessus et avons signé.

J.-C. Morlet, maire ; David, procureur ; Marabie,
greffier ; François Brossier.

FÊTE DE LA FÉDÉRATION

Pièce n° 4

L'an 1793, l'an deuxième de la République françoise, le samedy dix aoust, en vertu de l'arrêté du conseil général du dimanche précédent, l'autel de la Patrie ayant été dressé au pied de l'arbre de la Liberté, le vendredy, les citoyens avertis au son de la caisse et des cloches ; ce jourd'huy dix, la municipalité en corps, revêtue d'écharpes ; la garde nationale sous les armes, précédée du drapeau, des tambours et de la musique ; les citoyens et citoyennes se sont assemblés autour de l'autel de la Patrie, de là, on s'est rendu en corps à l'église ; le citoyen curé en ornements, assisté du clergé, pour céder au vœu religieux, s'est rendu avec les citoyens et citoyennes à l'autel de la Patrie, y a célébré la messe, après laquelle il est retourné à l'église dans le même ordre qu'il était venu, et après avoir déposé les ornements et l'habit ecclésiastique, tout le monde est retourné à l'autel de la Patrie dans le plus grand ordre. La cérémonie civique a commencé par des hymnes en l'honneur de la Patrie qui ont été interrompus par l'arrivée du citoyen Thibault, juge de paix, qui apportait plusieurs liasses de papiers qu'il a dit être des titres de féodalité qu'il venoit déposer pour être brûlés conformément à la loi. La municipalité les a visés, et après avoir reconnu que c'étoient des déclarations de cens, au nombre de 198, faites aux ci-devant seigneurs du lieu, il a été allumé un bûcher devant l'autel ; ces papiers ont été livrés aux flammes avec l'ancien drapeau garni de fleurs de lys, au milieu des acclamations des citoyens ; après quoy les chants civiques ont recommencé, et les citoyens et citoyennes ont exprimé, et dans leurs hymnes civiques et par leurs discours patriotiques, leur amour pour la liberté et leur haine pour la tyrannie. A ces marques bruyantes de patriotisme ont succédé des danses paisibles où l'on a remarqué l'union et la fraternité qui ont caractérisé la fête. Et nous avons de tout dressé le présent que nous avons consigné sur notre registre pour en perpétuer la mémoire.

MILSANT, officier ; BINET, procureur ; J.-L. PÉPIN, officier ; QUATRESOUT ; C. FOURNEAU, officier ; BROSSIER, maire ; MARABIE, greffier.

PIÈCE n° 5

Le vingt-six frimaire de l'an 2ᵉ de la République une, indivisible, les citoyens Jean-Mahieu, Delaisse et Jean-Louis d'Olimier, commissaires nommés par la municipalité de Launay-Courson ; les citoyens Pillon, Alexandre Mahieu, Jacques-Antoine Mercier et Noël Rouleau, commissaires nommés par la municipalité de Vaugrigneuse ; les citoyens Edme Quatresout, Claude-François Fourneau, Jean-François-Joseph Brossier, Charles-Julien Milsant, Nicolas-Louis Brière, Jean-François Liot, commissaires de la commune de Briis, se sont réunis en une chambre du citoyen Thibault, notaire audit lieu de Briis, chargé de la procuration du citoyen Guillaume-Joseph Dupleix, ci-devant seigneur desdites trois communes, ledit Thibault leur a dit et déclaré que le citoyen Dupleix lui avoit fait l'envoy des titres de féodalité de la cy-devant seigneurie ; il a représenté la lettre d'envoy et tous lesdits titres à l'examen desquels lesdits commissaires ont procédé pour en faire le triage et remettre à chacune des trois municipalités les pièces qui le concernent pour ensuite, dans chaque commune, le brûlement en être fait conformément à la loi du dix-sept juillet 1793.

N° 1. Erection de la terre et seigneurie en comté-pairie, sous la dénomination de Launay-Courson, onze pièces, le n° 2 manque.

N° 3. Deux autres liasses contenant chacune douze pièces relatives à la réunion de Briis et Vaugrigneuse à Launay-Courson et union des justices desdites paroisses, etc., en tout 220 minutes et les expéditions de toutes lesdites déclarations passées ès-années 1784 et 1785 contenues dans 41 cahiers.

Toutes lesdits pièces cy-dessus mentionnées vues et vérifiées, les commissaires dénommés ont arrêté que tous lesdits titres et papiers seront brûlés en cette commune de Briis, le décadi prochain, heure de midy, au pied de l'arbre de la Liberté, et que des députations des communes de Launay-Courson et Vaugrigneuse y assisteroient, sur la demande faite par le citoyen Thibault d'une décharge, avons arrêté d'en faire mention au procès-verbal et qu'en cas de besoin copie luy en sera délivrée. Foit et arrêté le 22 frimaire de l'an deuxième de la République une et indivisible, et avons signé.

Nous maire et officiers municipaux de la commune de Briis, en vertu du procès-verbal cy-dessus dénommé, nous nous sommes transportés en l'étude du citoyen Thibault, fondé de procuration du citoyen Dupleix, avons levé les

papiers cy-dessus dénommés et les avons transportés au
pied de l'arbre de la Liberté à heure de midi, le septième
jour de frimaire, jour de décadi. où le feu fût allumé par
les citoyens Jean-François-Joseph Brossier, maire de la
commune de Briis, par Rouleau, procureur de la commune de
Vaugrigneuse, et le citoyen maire de Courson, aux acclamations de tous les citoyens et aux cris de : Vive la République!

Fait en la maison commune, le trentième jour de frimaire,
l'an deuxième de la République françoise une et indivisible,
et avons signé.

> Brossier, maire, — Milsant, officier, — Hardy,
> officier, — Binet, procureur, — J.-L. Pépin,
> officier, — Claude Fourneau, officier, — Quatre-
> sout, officier.

PRISE DE TOULON.

Pièce n° 6

Nous, maire et officiers municipaux, assemblés au lieu ordinaire de nos séances, sur le réquisitoire du procureur de la
commune, faisant fonction d'agent national, conformément
au décret du quatrième de nivôse, relatif à la prise de Toulon, article deux de la même loy, par lequel il est dit qu'il
sera célébré, dans toute l'étendüe de la République, une fête
nationale, le premier décadi qui suivra la publication dudit
décret, dans chaque commune de la République où le procureur de la commune et les citoyens Jean-Baptiste Machelard et Denis Drouard, commissaires députés par l'assemblée
populaire, nous ont représenté que le vœu de la société de tous
les citoyens et citoyennes était qu'il fut planté deux arbres, le
premier pour remplacer l'arbre de la Liberté qui est sec et
qu'il soit remplacé par un vif et un chêne pour marquer la

fraternité, l'union et la force qui doivent régner parmi les citoyens républicains.

En conséquence, avons arrêté que la fête de l'entrée triomphante de l'armée de la République dans Toulon serait célébrée le décadi prochain avec la solennité et l'appareil d'une fête républicaine; que l'arbre de la Liberté et celuy de la Fraternité seront plantés le jour même de la fête où tous les citoyens de cette commune ont été invités la veille, au son du tambour, à se réunir pour célébrer cette fête en vrays républicains. Le présent sera publié et affiché dans notre commune.

Fait et arrêté en la maison commune, le dix-huit nivôse, l'an deuxième de la République françoise une et indivisible.

BROSSIER, maire, — C. FOURNEAU, officier, — HARDY, officier, — J.-L. PÉPIN, officier, — MILSANT, officier, — BINET, agent national, — MARABIE, greffier.

PIÈCE N° 7

L'an deuxième de la République françoise une, indivisible, le décadi, vingt du mois de nivôse, en exécution du décret du quatre dudit mois qui ordonne qu'il sera célébré dans toute la République, une fête nationale le premier décadi qui suivra la publication dudit décret, et en conséquence de notre délibération du dix-huit du même mois; nous nous sommes assemblés en la maison commune dès dix heures du matin et transportés à la porte de Paris ou, d'après les dispositions faites la veille par la société populaire, nous avons trouvé deux arbres: l'un chêne; l'autre peuplier, destinés à être plantés le même jour dans deux places publiques de ladite commune, et qui avaient été arrachés la veille et transportés à ladite porte de Paris par des membres de ladite société populaire. Nous avons pareillement trouvé les gardes nationaux sous les armes et la majeure partie des citoyens et citoyennes qui s'y étoient portés comme étant le lieu de rassemblement indiqué ; que de là, le cortège s'est mis en marche dans l'ordre cy-après, savoir : 1° Les gardes nationaux marchant sur deux files, armés et précédés de leurs officiers et des tambours. 2° De trente jeunes filles vêtues en blanc et ornées d'un ruban tricolore en ceinture, marchant pareillement sur deux lignes, la musique à leur tête. 3° Les deux arbres portés sur des voytures et accompagnés de quatre grenadiers. 4° Les maires et officiers municipaux, les notables auxquels s'étaient joints: le président du comité de surveillance, celuy de la société populaire et les secrétaires. Ladite marche était dirigée par deux commissaires ordonnateurs et fermée par les citoyens et citoyennes à quelque distance du cortège marqué par quatre gardes nationaux. Le cortège est arrivé en cet ordre au carrefour de la Liberté où a été déposé le peuplier destiné à remplacer celui qui avoit été planté précédemment et qui étoit mort. De là, la marche a continué par la rüe Saint-Denis, le carrefour de l'Egalité, la grande rüe, jusqu'à la place de la Fraternité où le chêne à été planté. Ensuite, la marche à continué par la rüe des Etaux, jusqu'au susdit carrefour de la Liberté où le peuplier déposé a été pareillement planté.

Ladite fêste s'est passée avec toutes les démonstrations de la plus grande joie de la part de tous les citoyens et citoyennes qui se félicitaient réciproquement des succès qu'avoient obtenus nos armées, notamment à la prise du port de Toulon, et des progrès que faisoit la République pour laquelle ils exprimoient à haute voix les vœux les plus ardents et des acclamations de: Vive la République ! qu'à chaque station des citoyens et citoyennes, placés sur un lieu élevé, ont célébré la fêste par des hymnes nationaux et républicains analogues à la fêste ; laquelle fêste s'est terminée par la lecture des loix et dansès paisibles.

Fait et arrêté en la maison commune, les jour, mois et an que cy-dessus.

> J.-L. Pépin, officier, — C.-F. Fourneau, officier, — Quatresout, officier, — Hardy, officier, — Milsant, officier, — Brossier, maire.

Pièce nº 8

Le jour de décadi, vingt prairial, l'an second de la République françoise une et indivisible, à sept heures du soir, nous, maire et officiers municipaux de la commune de Briis, nous sommes assemblés au lieu ordinaire de nos séances ; se sont présentés les citoyens Collot et Brière, commissaires nommés par nous, suivant notre arrêté du jour d'hier, à l'effet de dresser le plan et la marche de la cérémonie qui a eu lieu ce jourd'huy, pour la fêste dédiée à l'Être suprême, lesquels nous ont rendu compte que cette fêste s'étoit faite et célébrée avec toute la magnificence et ordre possible ; qu'il s'y est chanté des hymnes analogues à la fêste et tout patriotiques ; que les jeunes citoyens étaient sous les armes et entouraient le drapeau ; que tous les citoyens et citoyennes marchoient sur deux colonnes tenant à la main des branches de chêne ; que toutes les maisons des citoyens étoient ornées de branches de chêne et de fleurs ; que les jeunes enfants accompagnés de l'instituteur et de l'institutrice ont récité les droits de l'homme, aux cris mille fois répétés de : Vive la République !

Fait et arrêté, en la maison commune, lesdits jour, mois et an que dessus. Et avons signé.

> J.-L. Pépin, officier, — Quatresout, officier, — Hardy, officier, — C.-F. Fourneau, officier, — Milsant, officier, — Binet, agent national, — Brossier, maire, — Marabie, secrétaire greffier.

Pièce nº 9

Nous, maire, officiers municipaux et notables, après avoir entendu le réquisitoire du citoyen Binet, agent national de cette commune :

1° Avons arrêté que, vu que malgré l'arrêté du comité de salut public et du district qui ordonne l'approvisionnement des marchés et tous les soins que nous avons pris, il ne se trouve point de bled audit marché ; provisoirement et vû les circonstances, arrêtons qu'il sera fourny au citoyen Baudry, boulanger, par les cultivateurs de cette commune, un sac de bled par charrûe, chaque décade ; qu'à cet effet il sera formé une liste desdits cultivateurs contenant le jour et la quantité qu'ils doivent fournir dans l'ordre qui suit : — Par le citoyen Machelard, un septier de bled, le décadi prochain ; le citoyen Riquebour, le primidi ; le citoyen Feuilleret, le duodi ; le citoyen Billard, le tridi ; le citoyen Coquet, le quartidi ; le citoyen Antoine Mazure, le quintidi ; le citoyen Machelard, le sextidi ; le citoyen Feuilleret, le septidi ; le citoyen Coquet, le octidi ; l'assemblée se réservant de pourvoir au nonidi, si besoin est, et ainsi de suite par chaque décade jusqu'à ce qu'il en soit autrement ordonné.

2° Que le pain provenant de cette fourniture sera délivré de préférence aux citoyens de cette commune, depuis dix heures jusqu'à midy, et le surplus après ladite heure de midy à tous ceux qui se présenteront.

3° Qu'il sera délivré des mandats aux chefs de famille qui n'ont point de bled dans leurs granges ou greniers, pour en avoir une quantité proportionnée à leurs besoins.

4° Faute par les cultivateurs dénommés et désignés aux articles précédents de se conformer ponctuellement aux réquisitions portées au présent arrêté, il en sera rendu compte dans ce jour par l'agent de cette commune, ainsi qu'il appartiendra.

Le présent sera publié au son de la caisse, notifié et affiché partout où besoin sera.

Fait et arrêté en la maison commune, ce dix-huit vendémiaire, l'an troisième de la République françoise, une et indivisible.

> QUATRESOUT, officier, — HARDY, officier, — C.-F. FOURNEAU officier, — MILSANT, officier, — BINET, agent national, — BROSSIER, maire, — MARABIE, secrétaire greffier.

PIÈCE N° 10

Aujourd'hui deuxième jour du mois de pluviôse, l'an 3ᵉ de la République françoise, une et indivisible. Nous, maire et officiers municipaux de la commune de Briis, assemblés au lieu ordinaire de nos séances, après l'annonce faite le jour d'hier, au son de la caisse, conformément à la loi du 21 nivôse et au décret de la Convention nationale du 18 floréal, concernant la fête de l'anniversaire de la juste punition du dernier roy des français, laquelle fête a été célébrée par la cessation des travaux publics et par des chants et hymnes patriotiques et républicains, et danses paisibles, le tout analogue à la fête.

Fait et arrêté en la maison commune les jour, mois et an cy-dessus.

> MILSANT, officier, — C.-F. FOURNEAU, officier, — HARDY, officier, — QUATRESOUT, officier, — J.-L. PÉPIN, officier, — BROSSIER, maire, — MARABIE, secrétaire greffier.

PIÈCE N° 12

L'an 1816, le 2 mai, en vertu d'une lettre en date du 27 avril dernier, adressée par M. le Préfet de Seine-et-

Oise à M. le Maire de la commune de Briis-sous-Forges, celui-ci a convoqué son adjoint et les membres du Conseil municipal, à l'effet, par le maire et son adjoint, de prêter le serment prescrit, en conformité de l'ordonnance du Roi du 13 janvier 1816, dans les termes suivants, qui ont été prescrits par son excellence le ministre de l'Intérieur : « Je jure et promets à Dieu de garder obéissance et fidélité au Roi, de n'avoir aucune intelligence, de n'assister à aucun Conseil, de n'entretenir aucune ligue qui serait contraire à son autorité, et si, dans le ressort de mes fonctions ou ailleurs, j'apprends qu'il se trame quelque chose à son préjudice, je le ferai connaître au Roi. »

PIÈCE N° 13

L'an 1816, le 30 juin, devant les soussignés : Barnabé-François Pierrelée, maire de la commune de Briis-sous-Forges, et Pierre-Denis Binet, adjoint au maire de ladite commune, Antoine Lamy, Jean-Louis Pépin, Louis-Christophe Doublet, Louis-Philippe Chapon, Denis Thiboust, Louis-Joachim Bergeotte, Louis-Nicolas Barreau, Louis Simon, Denis Drouard, Jean-François-Alexandre Baudry, tous demeurant en la commune et composant le Conseil municipal ; ledit conseil convoqué par les soins de M. le maire à l'effet de nommer M. Favreau Antoine pour remplir les fonctions d'instituteur en ladite commune de Briis, lequel a à l'instant exhibé à l'assemblée des lettres et certificats des communes où il a rempli lesdites fonctions, qui prouvent qu'il s'en est toujours acquitté avec zèle et activité. Par ces motifs, nous, maire et adjoint et conseillers municipaux, avons reçu M. Favreau pour tenir la place d'instituteur, de l'avis et en présence de M. Bertheau, docteur et curé de Briis-sous-Forges, et avons signé : maire, adjoint et membres du Conseil de la susdite commune.

Le sieur Favreau s'oblige à sonner les écoles trois fois

par jour, savoir : le matin à huit heures et à onze heures, et
à une heure ; à faire l'école cinq jours par semaine, le jeudi
étant jour de campo. Le maître d'école accompagnera
M. le Curé dans les cas où il le requerra ; il donnera
aux enfants de chœur des leçons de plein-chant et leur
apprendra à se bien conduire à l'église.

PIÈCE Nº 14

L'an 1817, le 3 août, en la maison commune de Briis-sous-
Forges : devant nous, adjoint de cette commune, en présence
de MM. les membres composant le Conseil municipal, s'est
présenté le sieur Pierre-Nicolas Leroux, marchand de bois
et propriétaire en la susdite commune de Briis, lequel nous
a exhibé un acte en date du 21 juillet 1817, de M. le Préfet
de Seine-et-Oise, par lequel ledit sieur Leroux est nommé
maire de Briis, en remplacement de M. Pierrelée, démissionnaire.

En conséquence, nous, adjoint, et MM. les membres du
Conseil, avons reçu le serment du sieur Leroux et l'avons
installé dans lesdites fonctions de maire. De quoi nous avons
dressé et signé le présent procès-verbal.

BAUDRY, LEROUX, DROUARD, DOUBLET, THIBOUST,
BERGEOTTE, LAMY, SIMON, BARREAU, BINET.

LISTE DES MAIRES

DEPUIS LA RÉVOLUTION JUSQU'EN 1817,
ÉPOQUE A LAQUELLE S'ARRÊTE CETTE NOTICE

DE SAINT-MICHEL, François.........	9 février 1790.
MORLET, Jean-Claude......	25 avril 1791.
BROSSIER, Jean-François...........	16 décembre 1792.
DE SAINT-MICHEL, François........	germinal, an III.
COLLOT, François, agent municipal...	15 brumaire, an IV.
DROUARD, Denis, — ...	30 floréal, an VII.
COLLOT, François, maire...........	thermidor, an VIII
FOURNEAU, Claude, maire..........	19 nivôse, an XI.
BAUDRY, Jean-François, maire... ...	15 janvier 1809.
PIERRELÉE, Barnabé, maire.........	20 mars 1813.
LEROUX, Pierre, maire.............	21 juillet 1817.

TOURS
IMPRIMERIE DESLIS FRÈRES
6, RUE GAMBETTA, 6